Entre dois Mundos

ANTOINETTE BOURDIN

Entre dois Mundos

☆

FEDERAÇÃO ESPÍRITA BRASILEIRA
DEPARTAMENTO EDITORIAL
Rua Souza Valente, 17
20941-040 — Rio-RJ — Brasil

ISBN 85-7328-205-3

8ª edição

Do 46º ao 48º milheiro

Tradução de M. QUINTÃO

Capa de LUIZ CESAR ALVARENGA

NRBN

5,02-AA; 000.3-O; 6/1999

(Casa-Máter do Espiritismo)
Av. L-2 Norte — Q. 603 — Conjunto F
70830-030 — Brasília, DF — Brasil

Reprodução fotomecânica e impressão offset *das*
Oficinas do Departamento Gráfico da FEB
Rua Souza Valente, 17
20941-040 — Rio de Janeiro, RJ — Brasil
CNPJ nº 33.644.857/0002-84 *I.E. nº 81.600.503*

INTERNET
http://www.febrasil.org.br

Pedidos de livros à FEB — Departamento Editorial, via Correio ou, em grandes encomendas, via rodoviário: por carta, telefone (021) 589-6020, ou FAX (021) 589-6838.

CIP-BRASIL. CATALOGAÇÃO-NA-FONTE
SINDICATO NACIONAL DOS EDITORES DE LIVROS, RJ.

B778e
8.ed.

Bourdin, Antoinette
Entre dois mundos / Antoinette Bourdin ; [tradução de Manoel Quintão]. — 8.ed. — Rio de Janeiro : Federação Espírita Brasileira, 1999

ISBN 85-7328-205-3

1. Romance espírita. 2. Espiritismo. I. Título.

99-0657. CDD 133.9
CDU 133.7

060599 100599 007170

CAPÍTULO I

LUDOVICO MARCEL

24 de Dezembro de 18...

A Terra era qual lençol de neve e cristalizadas pareciam as árvores marginais do caminho, de cujos galhos pendiam numerosos filetes de gelo.

Céus e terra confundiam-se num espesso nevoeiro. Nem um pio d'ave se ouvia; apenas os corvos famintos ousavam fender o ambiente frígido, ou pousar grasnando no estendal de neve.

Algumas raras casas cobertas de colmo, mais se adivinhavam que entreviam de passagem, pelo fumo espiralando de grossas chaminés.

De horizonte, nem sombra que guiasse a rota dum pobre transeunte mal vestido, conduzindo pela mão uma pequenita dos seus 4 a 5 anos, trêmula e chorosa de frio, e cujas mãozinhas violáceas estavam amortecidas ao rigor da invernia.

De quando em vez, esse homem tomava a filhinha — pois que o era — ao colo, a fim de sacudir-lhe dos sapatinhos a neve acumulada neles e endurecida; mas, tanto que o fazia, para logo era obrigado a pô-la novamente em terra, pois também ao colo os pèzinhos como se lhe petrificavam de inação.

— Papai, dizia a todo o instante, chegaremos depressa? Como é longe a casa de vovó, na qual dizes que vou ver a mamãe! Ai que frio e que fome, papai... Carrega-me ainda uma vez, que eu não posso mais andar...

E o pai a retomava nos braços — tesouro querido — procurando reanimá-la ao fogo dos seus beijos, regando-lhe a loura cabeleira de algumas, certo, amaríssimas lágrimas.

Era um homem moreno, dos seus trinta anos, fisionomia enérgica, mas parecendo momentâneamente abatida por fortes emoções. O seu todo era de um operário, mas operário que largou repentinamente a oficina, mãos enegrecidas e sebosa blusa, como se a precipitação de inesperadas circunstâncias não lhe desse tempo de trocar as vestes.

Quanto à pequena Leonina, essa evidentemente vinha da escola, trazendo num dos bolsos o silabário e uma torturada malha de tricô, tudo de mistura com algumas migalhas de pão. Curto vestidinho que mal resguardava do frio, capuz e meias, tudo de lã, constituíam todo o seu equipamento em ordem de marcha.

*
* *

Ao longe tangeu, melancólico, um sino e Ludovico Marcel involuntàriamente estremeceu.

— Estás ouvindo, Leonina, aquele dobre lento e compassado?

— E' a Ave-Maria, papaizinho.

E dizendo-o, penosamente leva à fronte a mão direita para fazer sua prece. "O Anjo do Senhor", começa...

— Sim, o Anjo do Senhor, repete com vivacidade o pai, vem anunciar-me que a minha pobre Maria morreu!

— Não é isso, papai, tu não sabes o teu Ângelus... "O Anjo do Senhor anunciou a Maria que ela conceberia"...

Mas então já o frio colava-lhe os lábios que ensaiavam balbuciar a prece.

E o sino badalava sempre.

Ludovico estava como desvairado por aquele som lúgubre, os olhos fixos e brilhantes, parecia não mais se preocupar com a inclemência do tempo que minutos antes o intimidava; caminhava a passos largos, enquanto Leonina adormecia-lhe no ombro, murmurando a doce Ave-Maria.

CAPÍTULO II

NO LAR MATERNO

Numa casa isolada, de mísera aparência, achavam-se reunidas muitas pessoas em vasta alcova ao rés-do-chão. E todos acercavam-se de uma senhora que chorava amargamente e preferiria, talvez, ficar só, pois as palavras de condolência que lhe dirigiam outro efeito não tinham que o de lhe reavivar a dor.

A essa dor, prende-se toda uma triste história a contar, o que faremos mais tarde.

Por agora, limitamo-nos a dizer que essa boa senhora Marcel, mãe de Ludovico, pranteava a morte da nora — Maria, criatura meiga como um anjo e que suportara, ainda que muito jovem, as maiores privações.

Ela para ali fora a fim de dar à luz o segundo fruto do casal, mesmo porque, de há muito enferma e debilitada, não era sem temores que viam aproximar-se o termo da gestação.

Ludovico, o marido, trabalhava em uma usina distante três léguas da residência materna, e uma vizinha bondosa se encarregara de Leonina durante a ausência da mãe.

Na véspera de Natal, apenas Ludovico encetara o trabalho, quando foi procurá-lo à oficina um camponês que parecia grandemente embaraçado para dar conta do seu recado.

— Venho a mando da senhora Marcel comunicar-lhe que sua mulher está muito mal e que a criança esperada morreu ao nascer; o médico e a parteira não descansaram durante dois dias. Como os caminhos estão péssimos, fui obrigado a dar uma grande volta e aqui cheguei ontem de tardinha; mas, prevendo que o senhor não iria de noite, com tão mau tempo, resolvi apresentar-me hoje cedo.

O moço operário tornou-se pálido e abstrato ouvindo a narrativa do camponês; a língua como que se lhe petrificara, e não foi sem grande esforço que conseguiu com voz entrecortada articular algumas perguntas.

— A que horas te deram esse recado?

— Às nove da manhã, mas não pude partir antes das quatro da tarde.

— Foi minha mãe em pessoa quem to deu?

— Sim e por sinal que a boa senhora tinha os olhos bem vermelhos de chorar. Ela recomendou-me lhe dissesse para ir o mais depressa possível; entretanto, como disse, tive um atraso de algumas horas!...

— Que desgraça! Talvez a minha pobre Maria já esteja morta e eu não a veja mais!...

E, sem mesmo voltar a casa, o rapaz, de passagem pela escola, tomou a pequena Leonina e pôs-se a caminho, não pensando no mau tempo e no frio rigoroso que ia arrostar, com a filhinha ao colo.

E assim foi que o vimos, esse desgraçado pai, tão vivamente impressionado com o dobre lento do sino, carregando, com semblante atribulado, por sobre o gelo dos caminhos, a filhinha adormecida.

De longe, procurava perscrutar o nevoeiro, como a lobrigar um indício que de antemão lhe assegurasse o temor ou a esperança, e o nevoeiro, a mais e mais espesso, parecia querer envolver a Natureza num profundo mistério.

Por fim, sempre chegou.

O coração pulsava-lhe com violência e nem ousava abrir a porta que lhe parecia esconder um abismo.

Afinal, entrou tìmidamente e compreendeu num relance que tudo estava acabado! Sua mãe precipitou-se-lhe nos braços, enquanto uma mulher tomava a menina sempre adormecida.

A dor imensa de mãe e filho só poderia exprimir-se na majestade do silêncio, apenas cortado de soluços profundos, dos seus peitos oprimidos. As mulheres que lá estavam retiraram-se desoladas a um canto da casa, para se ocuparem de Leonina.

A pobre criança respirava com dificuldade, a longos intervalos; o rosto pálido e intumescido, grandes círculos negros sobre os olhos, baldados eram os esforços para despertá-la.

Foi em vão que aqueceram panos aconchegando-lhos ao corpinho enregelado; que lhe friccionaram as extremidades rígidas; que a sacudiam e chamavam. O frio tinha-a empolgado inteiramente e era de temer uma segunda desgraça.

Quando, passados alguns momentos, a senhora Marcel atentou no grupo formado em torno do berço de vime preparado para o recém-nascido e, aproximando-se, compreendeu o perigo da situação, foi a um armário, tomou célere de um frasco que continha um licor pardacento, e, descerrando com dificuldade os dentes da netinha, ministrou-lhe algumas gotas, cujo efeito foi maravilhoso.

Leonina abriu os olhos, com o rostinho muito corado e pôs-se a chorar e dizer que lhe queimavam as pernas. Apressaram-se, então, a descalçá-la, pois tinha os pés enregelados.

Os gritos da criança como que despertaram

Ludovico da sua imensa dor. Aproximou-se da filhinha e esta, por sua vez, apesar do estado em que estava, estendeu-lhe os bracinhos numa ânsia louca de o abraçar.

— E dizia-lhe: — Não chores, papaizinho, ficarei boa depressa; dize à mamãe que venha para junto da sua Leonina. Porque não a vejo aqui, para cuidar de mim com a vovó?

Os assistentes experimentavam com essas infantis palavras a mais viva emoção, debulhando-se em lágrimas, que a pequena Leonina mal podia compreender.

CAPÍTULO III

AS ANGÚSTIAS DE UM CORAÇÃO DE MÃE

Aquela súplica ingênua da criança despertou a dor profunda do moço operário.

Geral prostração parecia engolfá-lo; mortal palor desfazia-lhe as feições, desfigurava-o, até que tombou inanimado nos braços da senhora Marcel.

Os circunstantes abandonaram por momentos a menina, para acercarem-se do rapaz, e os mais solícitos cuidados lhe foram trazidos, mas em vão! Todas as tentativas pareciam inúteis e improfícuas para chamá-lo à vida.

Leonina permanecia indiferente ao que se passava, com os olhos desmesuradamente abertos, o semblante colorido pela febre, toda entretida a conversar com sua mãe, que acreditava ali junto dela.

As bondosas mulheres presentes escutavam, por momentos, as palavras confusas que lhe saíam da boca e diziam com ar piedoso: — pobre criança, como delira!

Mas voltavam logo para perto de Marcel, e cada qual emitia a sua opinião.

As mais prudentes ordenavam silêncio, diante da pobre mãe abismada em dor, mas sempre corajosa, sem jamais se afadigar, empregando alternativamente fricções enérgicas ou insuflações quentes naquela boca entreaberta, da qual parecia haver desertado a vida .

— Enfim! exclamou com alegria, após tantas horas angustiosas venci a morte. Um ligeiro sopro! Obrigada, mil vezes obrigada, meu Deus!

E a esperança lhe avultava nalma, diante desse rápido sopro de vida.

Chamou, então, com veemência por esse filho querido, cujo semblante se foi reanimando lentamente, os lábios coloridos, os membros flexíveis, o coração pulsante sob a mão trêmula de sua mãe.

Mas, ó dor inaudita! ó desventura tremenda! Quando a senhora Marcel lobrigava ansiosa o momento feliz da explosão de uma palavra naquela boca querida, eis que uma risada estridente responde à sua expectativa, risada repetida por uma outra infantil, ao fundo da alcova, qual um eco impiedoso que retumba, com a mesma fidelidade, os cantos de alegria ou os clamores da desgraça.

— A morte! a morte mil vezes antes que a loucura! — bradou a pobre mãe no auge do desespero.

Meu Deus! A mais justa e mais santa esperança não está isenta de irônica decepção! Porque despertar meu filho desse sono que lhe dava felicidade, chamando-o a esta vida na qual tanto já tem padecido?

A ele que é tão bom, tão devotado; que cortou a sua carreira e que, sem hesitar, sacrificou toda a fortuna por uma causa de reparação...

Oh! Esse segredo escapou-se-me do peito!

Deus de justiça, será o delírio que se apossa de mim?

Mas, lançando um golpe de vista pela casa, a senhora Marcel reconheceu que estava só: as pessoas presentes, aterradas com a cena estranha, se retiraram à procura de um médico.

Satisfeita de tal isolamento, a pobre mãe tomou entre as mãos a cabeça do filho, comprimindo-a fortemente ao próprio seio.

Entanto, os olhos do desgraçado permaneciam cerrados e dos lábios escaldantes os sorrisos se precipitavam tétricos, como esfuziar de relâmpagos em noite de tempestade.

— Filho querido, estamos a sós. Fala, oh! fala-me... E' certo que os desgostos venceram tua alma enérgica? Mas olha, aprende a ver a morte como o último dos vencedores. Nós podemos superar, pela vontade e pela independência de uma consciência em paz, todas as dificuldades, todas as provas, porque sabemos que Deus é justo e que o mal não pode acompanhar a alma santificada para além do túmulo.

Vem, Ludovico, vem comigo para junto de tua filhinha enferma. Recupera a tua razão e vem, filho!...

E amparando-o pelos braços levou-o até perto do berço de Leonina, sempre febril e exaltada.

Chegando-lhe uma velha cadeira, o moço sentou-se maquinalmente e, olhos abertos, como que estranho ao que se passava, começou a olhar admirado, ora para sua mãe, ora para sua filha, até que trocou esse ar perturbado por uma atitude calma.

Exultando de contentamento com tal mudança, a boa senhora retomou-lhe as mãos e de novo lhe suplicou que falasse. Oh! Ludovico, olha tua filha, dize-me o que se faz mister para aliviá-la; repara como a sua respiração é precipitada...

Meu Deus, se a pobrezinha acompanhasse a mãe, que triste seria a nossa existência?!

Ludovico, fechando novamente os olhos, pousou a mão na cabeça da menina, e, dirigindo-a vagarosamente até os pés, consegue, após um quarto de hora de repetida operação, calmar-lhe os sofrimentos.

Surpresa com o que acabava de apreciar, a senhora Marcel não sabia bem se devia regozijar-se ou atemorizar-se da estranha operação.

Nesse ínterim, duas mulheres entreabriram mansamente a porta e, não ousando aproximar-se, disseram à meia voz: — "Não encontramos ninguém que pudesse ir à cidade chamar um médico, mesmo porque a neve é tão espessa que impossível se torna distinguir os caminhos; contudo, se precisar de nossos préstimos, aqui ficaremos do melhor grado."

— Muito obrigada, boas vizinhas, disse a senhora Marcel aproximando-se; meu filho está agora mais calmo e Leonina repousa docemente. Espero que a noite passará sem maiores cuidados. Se, não obstante, tiver necessidade de auxílio, não desprezarei os vossos benévolos oferecimentos.

As duas mulheres foram-se mais tranquilas com a declaração da **boa senhora**, como lhe chamavam, justamente, porque encarnava a providência daquelas regiões desoladas dos Landes, cujos caminhos se cruzam e se palmilham por léguas e léguas, sem a perspectiva alegre de uma cidade, ou, sequer, de um simples aglomerado de casas.

CAPÍTULO IV

MADAME MARCEL NO LANDES

A região mais próxima da casa a que temos conduzido o leitor, é um burgo quase encravado em grande floresta e os raros habitantes que o povoam se compõem, na sua maior parte, de lenhadores e carvoeiros, os quais ao seu penoso mister aliam o de fazer armadilhas aos animais ferozes, que assolam quintas e cercados.

Modestos trabalhadores, vivendo sòbriamente do rude labor, têm os filhos por assim dizer educados no seio das matas, para onde as mães os conduzem, pois que também elas, muitas vezes, do mesmo trabalho compartilham.

E assim é que, poucos anos antes, toda a infância ali vegetava na mais crassa ignorância, quando a senhora Marcel foi habitar o remoto burgo.

As razões que a levaram a optar por aquele ermo, foram sempre um mistério.

De resto, tendo algumas parcas rendas, permitia-se viver folgada, graças à sobriedade e simplicidade dos seus hábitos.

Fazia todo o benefício possível, sobretudo moralmente, distribuindo consolações e conselhos. E, à noite, comprazia-se em ensinar a ler às crianças e aos adultos desejosos de ouvir-lhe as lições, sempre proveitosas.

Sendo tão difícil ir à igreja como à escola, a senhora Marcel também fazia, aos domingos, as suas práticas religiosas, que constavam da leitura e comentário dos Evangelhos, feitos com clareza e lógica incomparáveis.

Ninguém, jamais, houve de lamentar-se por um tal estado de coisas, e pode-se mesmo afirmar que havia por ali um pouco menos de fanatismo que nas outras paróquias.

Bem certo é que a completa ignorância se torna menos perigosa do que esse verniz de instrução que, entupindo as juvenis cabeças de coisas inverídicas, as predispõe para um falso julgamento e lhes assoberba a inteligência pelo temor servil dos preconceitos.

O pároco do local tinha plena confiança na sabedoria e no devotamento da senhora Marcel para a instrução religiosa das crianças, deferindo-lha inteiramente, dada a grande distância que separava o presbitério desse centro de população, cujo acesso era agora mais difícil pelo mau estado dos caminhos e da floresta a atravessar.

Era, portanto, de longe em longe que ele visitava os seus paroquianos, e isso mesmo quando chamado a exercer qualquer obrigatória função do seu ministério.

A senhora Marcel ensinava, segundo o Evangelho, o amor de Deus e do próximo, falava dos deveres para com a sociedade e a família, e eis tudo o que podia fazer, no intuito de esclarecer o povo daquele rincão perdido entre as dunas arenosas.

Ludovico e sua mulher vinham, por vezes, visitar a velha Marcel. Ordinàriamente, aí passavam os domingos e regressavam às segundas, ao romper da aurora.

Por ocasião de tais visitas, Ludovico embrenhava-se na floresta e, de volta ao lar materno, vinha carregado de plantas, que arrumava metòdicamente em armários, num pequeno quarto contíguo ao de sua mãe. Destilando-as mais tarde, ele as encerrava em pequenos frascos confiados à senhora Marcel, para a cura de quaisquer eventuais moléstias da clientela vizinha.

Ludovico tinha um porte distinto. O trabalho a que se entregava não parecia lhe fôsse muito familiar: tendo passado por grandes privações e obrigado a manter a família, tirava do exercício da mecânica o pão de cada dia.

A mulher, sempre doente, absorvia-lhe boa parte do salário, aliás suficiente em outras condições, para dar um pouco mais de conforto ao lar. Entretanto, a amizade recíproca que os ligava, ajudava-os a suportar corajosamente as faltas comuns.

Foi assim que ele viu com temor aproximar-se o momento em que deveria ser pai pela segunda vez, pois na opinião dos médicos esse segundo parto traria como consequência ou as melhoras de sua mulher, ou uma agravação tal da enfermidade, que poucas esperanças comportaria.

Nesse ano, o Inverno entrara assaz rigoroso e Ludovico, pressupondo que as precauções domésticas fôssem um obstáculo à cura de sua mulher, conformara-se com a partida para a casa da senhora Marcel, que cuidaria dela como filha.

E agora já sabeis, caros leitores, como essa Maria tão querida terminou a sua peregrinação terrena, no meio de cruéis padecimentos, e o pesar que nalma de certo lhe foi por não poder, num último alento, abraçar o marido e a filhinha.

CAPÍTULO V

UMA VIDA FACTÍCIA — DESCRIÇÃO DO MUNDO DOS ESPÍRITOS

Voltemos, se vos apraz, para junto dessa interessante família que deixamos tão vivamente aflita.

Agora, já o quadro é menos triste. Leonina dorme um sono reparador e a senhora Marcel entretém carinhosa palestra com o filho, tendo-lhe tomado as mãos e assim o interrogando:

— Qual o motivo, meu Ludovico, desta sensação estranha, que não sei definir, e que me enche a alma de uma alegria sobrenatural?

Tu me dizes coisas sublimes, que só os anjos podem inspirar, e isto de olhos fechados!

Verás, acaso, um outro mundo que te deslumbra, uma outra mãe que mais te queira do que eu mesma?

— Mãe — responde Ludovico, com voz doce e flébil —, tu és por duas vezes autora dos meus dias: deste-me a vida material para que eu fizesse as provas que acabo de experimentar; o desgosto e a dor romperam, há pouco, o fio da minha existência, mas a tua solicitude e o teu amor me deram uma segunda vida factícia; aproximaste de novo o meu Espírito do corpo, sem conseguires, no entanto, reintegrá-lo neste organismo que lhe serviu trinta anos. E' por isso que meus olhos permanecem fechados e o corpo apenas se agita em movimentos intermitentes. Na verdade, minha mãe, apenas conservo uma faculdade assaz preciosa — a da palavra, para corresponder-me contigo.

Mas, que suprema ventura experimenta o meu Espírito desde o seu desprendimento! ficando, não obstante, junto deste corpo, ao qual se liga ainda por um laço magnético, que tu formaste por um tríplice impulso vigoroso, capaz de produzir grandes coisas, se ele animasse todos os homens: a fé, a vontade e o amor! Sim! tu reanimaste o que era morto, com essas três forças reunidas. E' isso, com efeito, o que constitui a vida; é com esse inefável segredo que Deus anima e vivifica todos os seres.

Estou inebriado de ventura e, se a minha boca puder servir-me de intérprete, falar-te-ei muitas vezes e longamente das belezas que me cercam, das harmonias que me deleitam e da imortalidade de que me sinto possuído.

Este corpo que mantens entre os braços trêmulos e que estimas como santuário que abrigou o Espírito de teu filho; este corpo, digo, será o porta-voz de dois planetas antagônicos, que, posto pareçam colocados a distância imensurável, não o são na realidade. Sim, minha mãe, eu te provarei que esses dois mundos se tocam e que apenas a carne nos separa deles.

Dizem: — "Que terrível esforço, que temerosa viagem realiza a alma ao deixar a sua carcassa!..." Puro engano! Desiludam-se os mortais de tantas dores, pois que a doença por si mesma é mais terrível que a morte; e o que chamamos agonia não passa de renascimento na vida imortal.

— Falas, Ludovico, de uma vida factícia que venho de te dar... Pois não és mais do número dos vivos? Tudo será, então, uma ilusão, um sonho a desfazer-se em tremendo despertar?

Esta mão que aperto não é a tua mão, esta

voz tão fraca vai extinguir-se qual lâmpada abandonada, vai morrer esse corpo, ainda uma vez, em meus braços?

Se assim for, que Deus me dê coragem para viver para tua filhinha.

Sinto, contudo, a vida arrastada em rápida torrente, na qual o amor maternal vai sossobrar em meio à tempestade de tantos padecimentos.

Preferível, meu Deus, fora morrer com ele, já que a fadiga de tantos anos de provas me acabrunha — peso enorme que não poderei mais suportar.

— Mãe, querida mãe, não fales assim! Eras tu mesma que me dizias, nos momentos de desânimo, que a morte devia ser encarada como o último dos vencedores.

Pois bem: aguarda-a agora com a firmeza heróica. O desânimo é veneno que corrói lenta, surdamente, a vida. Eu, de há muito lhe sentia os efeitos, os estragos que no meu organismo produzia, mas nada tentava para curar-me, antes me profundava no meu íntimo desgosto, à proporção que os padecimentos e a moléstia de Maria se agravavam. Acariciava, na verdade, a ideia de não lhe sobreviver, contando, de resto, contigo, com o teu amor, para amparar os nossos filhinhos...

Foi ele, o desânimo, que afrouxou o laço da minha existência, o que constitui um suicídio para quem tenha a noção da imortalidade.

Convencido estava eu de que introduzia nas minhas veias o germe de uma morte prematura; entretanto, cedia ao impulso deste amor extremo, que Maria soube inspirar-me pela sua meiguice, pela sua melancólica beleza.

Por ela, não me importava dilatar os horizontes da vida, e, pois que a vida lhe pertencia inteiramente, justo era que com ela findasse...

E tudo findara, efetivamente, quando a tua voz me atraiu o Espírito, quando teu sopro generoso reaqueceu este corpo abandonado covardemente, como desertor covarde diante do inimigo.

Mas, o que ignoras é que me salvaste dum crudelíssimo inferno!...

Já o anjo julgador tocava-me a fronte... Livre da carne, eu procurava Maria por toda a parte, bradava-lhe o nome em todos os cantos do céu... E era tão belo o mundo em que me via...

Inebriado de amor, sonhando que a desgraça não poderia atingir-nos, procurava-a sempre e sempre mais longe, sempre e sempre mais alto.

Meu Espírito como que devorava os espaços, os mundos se aproximavam para desaparecerem diante dos meus olhos extasiados!...

Liberdade da alma, como és bela após o duro cativeiro!... A Terra não me era mais que um ponto obscuro, do qual me apressurava em fugir. Entretanto, desgarrado no infinito, não encontrava um imortal, um anjo que me guiasse e me dissesse onde pairava Maria!...

Sim, eu provei o isolamento com o seu cortejo estranho, que gela o Espírito de terror e faz duvidar de Deus e do amor; todas as belezas que me cercavam tinham tons sombrios; a luz só brilhava para esmaecer; o éter que me arrebatava tão célere, não podia mais suster-me; tornava-me pesado e a vertigem de mim se apoderava; sentia-me despenhar e por instantes eram sacudimentos terríveis, a dar-me a sensação de infindável queda!

Então, de novo o desânimo se apossou de mim e separou, nìtidamente, os fluidos que, no meu entusiasmo, engendraram uma força ascensional, condensada com os fluidos etéreos.

Então caí, caí com uma rapidez vertiginosa... Era o julgamento, era o inferno! Julgamento e inferno ali estavam, mas dentro de mim, na minha alma, na minha consciência que bradava: — "Desânimo! Desânimo!!! Sucumbiste de fraqueza e, mesmo no céu, não te pudeste manter..."

"Regressa, pois, à tua mãe que te chama, e permanece junto do teu corpo, até terminares a existência interrompida antes do tempo.

"Tua mãe, pelo amor, salvou-te da queda, quando a dúvida — esse abismo — se escancarava para receber e tragar o teu Espírito oscilante sobre ele, como águia mal ferida."

E, agora, minha mãe, eis-me aqui perto de ti e de minha filha, tomando alento, porque o perigo se desvaneceu. Revejo todo o caminho percorrido no meu voo insensato; sinto nascer-me no íntimo a confiança, enquanto o Espírito se embebe de esperanças e alegrias.

Não; esses páramos do infinito não são desertos, mas povoados de seres imortais, só invisíveis aos meus olhos porque sou culpado. Sinto, porém, que me rodeiam, me penetram da sua divina influência, enquanto a minha inteligência percebe, de conjunto, a felicidade com que sonha.

Tu sofres desta prova mais que eu mesmo, e aí temos um belo exemplo da solidariedade espiritual. Não conheço o termo desta nova vida, mas emprazo-te a teres coragem até o fim, visto que, se o desânimo de ti se apoderasse também, o dom da palavra me seria cassado. E' que, neste corpo, há também algo da tua vida, e mister se faz o sustentes com enérgica perseverança.

Falar-te-ei muitas vezes dos sentimentos que me animam, das maravilhas desses mundos incognoscíveis, que meu Espírito começa a entrever.

Após essas palestras meu corpo repousará, tal como essa criança que aí dorme, e tu lhe ministrarás, diàriamente, uma pequena dose do mesmo elixir tônico com que reanimaste Leonina. Isso e a tua vontade, que tem as propriedades de um fluido nutriente, serão o bastante. Nada temas, serás auxiliada."

— Oh! Ludovico, meu filho bem-amado, que estranha revelação, que horizontes desconhecidos acabas de rasgar aos meus olhos!

Tal como tu, sinto-me extasiada! Fala-me, fala-me sempre, eu sustentarei esse corpo, animarei esses lábios que murmuram frases imortais!

Compreendo agora o segredo da vida. Nunca uma queixa me assomará aos lábios. Jamais o desespero avassalará meu coração. Que valem a vida e as suas provas, diante da felicidade que aguarda os eleitos do Senhor?

O que se me torna mais penoso, em tudo isto, é a obrigação de interromper por momentos estas palestras sublimes, para entregar-me aos cuidados que o nosso estado corporal exige. A vida material e premente, que imperiosa reclama os seus direitos, é para mim como o despertar de um belo sonho.

Saberei, contudo, lembrar que não sou vítima de um sonho, pois que teu corpo adormecido constituirá para mim a prova da realidade.

Descansa em paz, meu filho, já que a palavra se te esvai dos lábios e docemente te inclinas para esse leito que os anjos velam. Adeus!...

E, depois de haver, amorosa e ternamente, depositado um beijo na fronte do filho, a senhora Marcel se encaminhou para Leonina já despertada e sorridente, a estender-lhe os bracinhos, a ela que, doravante, seria o seu único arrimo na Terra.

CAPÍTULO VI

PERGUNTAS INGÊNUAS DE UMA CRIANÇA. LUDOVICO DESCREVE A SUBSTÂNCIA DOS ESPÍRITOS

A senhora Marcel jamais cultivara o amor materno em grau tão elevado.

Agora, sentia a juventude e a energia lhe renascerem nalma, sua coragem não sofria mais abalos, sua conduta estava firmemente traçada.

Depois de cuidar da netinha, conduziu-a para junto de seu pai, que dormia um sono calmo.

Pálido era o rosto de Ludovico; o coração pulsava-lhe com a mesma regularidade do estado normal, porém, com menos vigor, o que também sucedia à respiração.

Entretanto, a aparência serena nenhuma inquietação despertava quanto ao seu estado.

— Não faças bulha agora — disse à Leonina — pois que o papai está dormindo.

— E mamãe?

— Está no céu.

— No céu — redarguiu a pequena, a quem a palavra encantava. — Como é feliz a mamãe... Ela já o conhecia... o céu!... Muitas vezes, à noite, mostrando-me as estrelas, dizia: — "Lá estão as moradas dos anjos. E' preciso ser muito sábio para alcançá-las; é preciso amar a Deus como Criador de todas as coisas, sem jamais lhe desobedecer, nem praticar o mal."

Ela me dizia também que os anjos tinham asas e um semblante muito belo; que habitavam entre flores e não tinham desejos que não fôssem satisfeitos.

Mas, boa mamãe, eu me lembro de haver visto também um desses anjos antes de acordar! Como era belo! Inclinava-se todo para mim e dizia-me, entre mil carícias, que vivesse, porque ele velaria por mim e viria sempre visitar-me durante o sono.

Oh! como desejo que a mamãe volte logo dessa grande viagem, desse país onde brilha o Sol! Talvez Deus lhe tenha dado para mim alguma coisa bonita, pois estamos no Natal e há, de certo, grandes festas lá no céu...

— E na Terra há grandes tristezas, disse a senhora Marcel vendo os campos fora, cobertos de neve. Depois, num momento, essa melancolia da Natureza penetrou-lhe o pensamento, revivendo nele os acontecimentos da última semana, vésperas de Natal, em que um lúgubre cortejo lá se fora levando o corpo da nora ao cemitério; a chegada do filho com a netinha e toda a série de peripécias que se desdobraram... E foi assim que exclamou: — "As revelações de meu filho seriam, quem sabe, o efeito passageiro de um febril delírio. Não resisto ao desejo de uma segunda experiência, tanta a ventura que desfrutei para deixar de buscá-la ainda."

E, reagindo ao torpor que a dominava, toma do frasco de elixir, aproxima-se de Ludovico, a quem administra algumas gotas pela boca entreaberta.

Vendo colorir-se-lhe o semblante, tomou-lhe das mãos e entrou a chamá-lo ternamente.

Ao contacto dessa mão, ao timbre daquela voz, um rápido estremecimento sacudiu o corpo como se ele experimentasse um choque elétrico.

— Eis-me aqui, mãe querida, pois que a hora chega, das revelações.

Vi os habitantes do espaço aproximarem-se do mísero prisioneiro, as suas vozes penetraram minha inteligência, compreendi-os, enfim.

Compreender a linguagem dos anjos é entrar no segredo da ciência superior, pela qual Deus prodigaliza o seu amor!

Como é difícil levantar o véu que encobre os mistérios da imortalidade! Que frágil é a substância que o compõe! Que de atritos na ondulação de suas dobras, se o levantamos mui bruscamente! E' que ele esconde segredos que surpreenderiam as inteligências humanas.

Agora, não estou mais isolado, meu Espírito, posto que cativo, abrange a vasta perspectiva do infinito; a vista material é curta, porque o olhar tem limites; mas a espiritual não os tem; o Espírito não tem sentidos, porque se despoja da pesada armadura que tanto lhe martiriza como paralisa os movimentos.

A sua natureza é de essência sutil, invisível como o ar, insinuando-se por toda a parte, tomando alternativamente a forma de uma pomba ou de uma chama, alçando-se à vontade no espaço ou abatendo-se sobre a Terra, e mais baixo ainda.

Todos esses seres sabem tornar-se invisíveis e minúsculos, possuem uma concepção e inteligência sem limites; fazem com que seus pensamentos sejam lidos em símbolos deslumbrantes. Se nos tocam, é prurido de felicidade o que nos penetra; se nos amam, confundem-se conosco. Grupados por simpatia e por amor, aqui, mas conservando a característica pessoal, eles aumentam com essa união a sua ciência, a sua felicidade e a sua força. São os dons mais preciosos que se agregam, associam e fortalecem, para realizar as grandes missões.

Estas associações de Espíritos denominadas legiões, presidem à formação dos mundos, como às transformações da Humanidade; sustentam e dirigem os missionários e influenciam, de passagem, a inteligência dos mortais, com isso a que chamamos — inspiração — essa luz sobrenatural cujo foco em vão se procura na Terra; essa luz que nos abrasa sem consumir, que nos eleva acima da nossa miséria, para ensinar a humildade.

A inspiração se corporifica na inteligência que ela anima, porque aquele que é por ela bafejado tanto que vê, para logo ouve e compreende.

Quem a recebe, mesmo inconsciente da causa, lhe pressente sucessivamente todos os efeitos, e pergunto aos que tal favor alcançam se não experimentam com isso gozos superiores a toda expressão humana, intraduzíveis na linguagem terrena?

Oh! minha mãe, tu mesma, neste momento supremo que ainda nos liga, tu, — dize-me, não experimentas maior ventura em ouvir-me daqui, do mundo dos Espíritos, do que quando há pouco, aí a teu lado, te falava dos meus padecimentos e apreensões?

Quantas vezes, quantas, minhas palavras te feriram os ouvidos sem penetrar teu pensamento!?

Agora, ao contrário, tu te sentes indentificada comigo, com o meu Espírito; nem te dás conta do peso do teu corpo, olhos presos à minha boca, vontade fundida em mim, e, apesar da transcendência do assunto, a minha própria filha experimenta a mesma influência.

Porque? Eu to digo: é porque neste momento o espírito domina a matéria.

— Filho, tu como que me despertas. Parecia-me ver, com efeito, tudo quanto acabas de descrever. Enquanto falavas, eu era como não mais deste mesquinho teto, cujas paredes desapareceram para só te ver, radiante de felicidade e de beleza.

E como me apavora o despertar para a realidade. Dize, Ludovico, não será delírio ou sonho o que assim te faz falar?

— Não, minha mãe, acredita que tudo quanto vejo é mais real e duradouro do que o que te cerca; mais belo que tudo quanto o Espírito encarnado possa conceber.

Não desejo senão ver Maria, reconhecê-la entre esta multidão inumerável de Espíritos invisíveis, que povoam o espaço.

Pressinto, contudo, que ainda não chegou esse momento de ventura para mim, para mim que por si expio, pois foi por sua causa que pequei.

Só a verei no dia do meu completo desprendimento. Ela virá cortar o laço tênue que ainda me prende ao mísero corpo.

Será ela, ainda, quem me sustentará o voo rápido, e não mais fraquejarei quando a tiver por guia.

Estas últimas palavras foram pronunciadas com voz quase imperceptível, sendo preciso muita atenção da senhora Marcel para ouvi-las.

Veio o sono interromper a doce palestra e exercer a sua benéfica ação sobre o organismo de Ludovico.

— Porque será que papai não abre mais os olhos; estará cego? — perguntava Leonina.

— Sim, meu amor, agora esses olhos ficarão sempre assim, não poderão mais ver-nos.

— Que desgraça!

E a galante criancinha pôs-se a chorar...

— Mas como é — repetia, que ele dizia coisas tão bonitas, depois que ficou cego? Parece que ele fala do que vê...

— Teu pai, minha filha, recebeu um dom bem

precioso de Deus, pois que possui a vista espiritual para descrever as belezas divinas.

E como Leonina não podia alcançar mais alto estes problemas, entregou-se para logo, com despreocupação própria da idade, aos brincos também próprios da sua inocência.

CAPÍTULO VII

MEIO DE COMUNICAÇÃO DOS ESPÍRITOS COM OS ENCARNADOS. — SEU DEVOTAMENTO. — NATUREZA DOS MUNDOS EM QUE HABITAM. — PALAVRAS DE ESPERANÇA

Lentas corriam as horas, com grande desapontamento da senhora Marcel, ansiosa pelo dia seguinte, a fim de reatar a conversa com o filho.

O tempo empregado nesse mister lhe parecia bem curto, mas, a despeito da afirmativa de Ludovico, temia lhe fôsse cassada a palavra, e não era sem uma certa apreensão que renovava aquelas edificantes entrevistas.

— Meu filho — disse um dia, no momento em que ele começava a falar — os anjos que vês não seriam mais belos se possuíssem forma determinada, tais como os representou Rafael nas suas telas imortais? Como seria agradável reconhecer simpáticas fisionomias com os mesmos traços que possuíam na Terra!

Que doce alegria não proporcionariam, então, aos que os amam!

— Falei-te, mãe, da substância dos Espíritos, da sua sagacidade, dos seus atributos.

Eles podem, igualmente, transformar-se à vontade e tomar aspectos diferentes. Neste momento, por exemplo, vejo anjos de brancas asas, semblante radioso e colossal estatura, possuindo simultâneamente, por seus movimentos, a graça flexuosa da mulher, a rapidez das águias e a divindade do olhar. Sublimes na sua abnegação, ei-los que baixam à Terra sem que a tristeza lhes enrugue a bela fronte, nem o receio lhes assalte de esmaecer o brilho dos seus corpos ao contacto das paixões terrenas.

Impalpáveis e incorruptíveis, por espiritualizados, o mal de si mesmo se afasta quando eles se aproximam, tal como as trevas que se diluem ante o Sol que reponta no horizonte.

A esses Espíritos, envolve-os um halo formado pela força de suas virtudes, auréola luminosa que não só penetra como transforma tudo o que sofre a atração do seu fluido celeste.

Também extremes de toda impureza são as regiões de sua morada. O céu é sempre mais acima, à proporção que nós nos elevamos em sabedoria. Há nele astros rarefeitos, de vez que em tais alturas não concorre a matéria, como aqui a concebemos. O que a substitui, para formar a essência dessas criações superiores, são fluidos, tomando sucessivamente a forma de montanhas, de colinas ou de vastas planícies; substâncias maravilhosas de contextura e transparência, formam lagos ou fontes, nas quais se miram anjos e astros. As mais belas e mais raras flores se grupam a fim de permutarem aromas e coloridos, que a luz gera com os seus raios também multicores.

Os templos, que servem de pontos de reunião aos seres superiores, são tendas amplas de folhagem, duma escultura, duma arte incomparável.

A diafaneidade das paredes e dos pórticos tem reflexos de opala; o ar puro e imperceptível, que aí circula, timbra em harmonias que extasiam e não encontra, como na Terra, obstáculos e correntes contrárias, que preparam as tempestades. Jamais, nessas esferas, se formam nuvens, por ausência de emanações deletérias, nem há, ali, de que se preocupar a gente com as intempéries das estações, a moléstia, a morte; o tempo não arrasta consigo a clava destruidora; as enfermidades não têm acesso naquelas alturas. Nem plantas daninhas, nem venenosos répteis que se misturam à relva dos prados ou à moita dos bosques.

Os anjos não estão mais em contacto com os seres maus e conservam-se isentos de toda perseguição. Se visitam os encarnados, fazem-no por abnegação, pois que não têm necessidade de enfrentar o bem e o mal, uma vez vitoriosos desses temíveis inimigos que comprimem a Humanidade de todos os lados.

Oh! minha mãe, cada minuto que passa me proporciona ensinamentos preciosos: se olho para a frente, vejo a eternidade; e, se para trás me volto, é ainda a eternidade que vejo! Subindo a escada de Jacob, isto é, percorrendo as etapas da eterna romagem, a cada passo se nos deparam destroços de nossas faltas ou frutos de nossos triunfos. Tudo isso jaz pelo caminho, como atestados da marcha realizada, e, para falar mais claramente a linguagem da Terra, direi que todos os nossos atos e pensamentos vivem, com vozes que choram, rezam ou cantam. E quantas vezes, suspiros de lástima nos vêm despertar lembranças tristes, adormecidas!?...

Dessa escada de Jacob, quantas vezes temos ensaiado escalar o cimo!?

Entretanto, chegados a certa altura, olhávamos para baixo no afã de medir o caminho feito, e a vertigem se apoderava do nosso Espírito bem fraco ainda; comparando o que tínhamos escalado ao que restava escalar, achávamo-nos mais perto da Terra que do céu! Então... então era a des-

2

cida, a queda louca, a ação inversa e atropelada, sem nos darmos conta dos abismos e percalços que nos rodeavam!

Como Deus é paciente! Espera-nos sempre, deplora os nossos desfalecimentos e dá-nos a esperança; mostra-nos o fim da existência e diz: — "Coragem, perseverança!"

E não castiga, tão-pouco, os que sucumbem a meio caminho, que bem lhes bastam a esses os ferimentos da própria queda. A experiência desenvolve-se pela prática, como a prudência pelas provas; se chegássemos à perfeição sem esforço, essa perfeição não seria completa, porque nos faltaria a caridade, que é filha da dor.

Não conhecêssemos o sofrimento e a indiferença empolgaria o nosso coração.

Não sofremos uns pelos outros?

Pois é assim que forçamos os maus a se tornarem bons, e os fracos, corajosos.

Essa permuta de sentimentos é útil ao progresso dos Espíritos.

Que seria do nosso planeta se os maus sòmente o habitassem? Quem lhes infundiria o respeito, o temor, se homens justos não houvessem criado leis para contê-los?

E a moral, esse esboço exterior da consciência, quem a teria alçado até ao coração do homem mau, se ele não houvera sob as vistas modelos a seguir e a consultar?

Não. Não se faz mister que o bem e o mal se separem neste planeta inferior; antes devem marchar juntos, habitar o mesmo teto, semelhantes entre si, como dois irmãos afastados da pátria comum, dos quais um é enfermo e cego, e outro, ágil e vigoroso. E concebível seria que este último abandonasse aquele na estrada, moribundo, sem guia nem amparo? O pai que o visse chegar só, perguntar-lhe-ia: — "Desgraçado, que fizeste do meu filho? Volta a buscá-lo, porque a sua enfermidade o torna mais querido; quero pensar-lhe as feridas e beijar-lhe os olhos, porque ele há-de ouvir minha voz e receber minhas carícias."

A estrada da vida está bem cheia desses pobres cegos que caminham tateando, a esbarrar a cada passo com obstáculos para eles intransponíveis!

Quero falar desses a quem o desânimo e o desespero tiram a faculdade de julgar e discernir; dos que não sabem mais onde está a verdade, procurando-a por toda a parte, sem saber que está neles mesmos, na paz da consciência, pois é ali que ela se abriga e se manifesta. E a verdade é persuasiva e eloquente, porque produz atos que a mentira não consegue realizar, verdadeiros milagres de abnegação e devotamento.

Minha mãe, minha mãe, que grande passo dará a Humanidade quando conhecer os seus destinos! Mas, para isso, é preciso que a Terra entre numa fase nova de progresso, cujo advento se aproxima. Como que vejo os anjos encarregados de o anunciar: belos e poderosos, trazem mancheias de revelações maravilhosas. Derrubarão os ídolos e servir-se-ão dos simples e dos humildes para fazer brilhar uma ciência que confundirá os mais presunçosos e esclarecidos.

O que agora vejo, a todos será revelado; e o que vulgarmente se chama o fim dos tempos, é o julgamento final. Não mais temais, habitantes da Terra, de ouvir essas palavras, porque o fim dos tempos só chegará para as trevas da ignorância, para a fé cega, para a superstição, para os preconceitos vazios.

Diz o Evangelho: "Chegados os tempos, vereis o sinal nos céus, vossas mulheres e vossas filhas profetizarão, os velhos terão sonhos." O juízo final é a revelação das coisas ignoradas até esse dia, e que aliás ensinadas foram em parábolas.

E' o reinado do **Espírito** anunciado e predito pelo Cristo, desse **Espírito**, do qual foi dito que "os pecados contra **Ele** não serão remidos neste nem no século seguinte, pois de si se dará tão grandes provas, que a dúvida não seria mais uma falta de fé, mas uma renúncia completa à verdade e à razão.

Esse reinado mostrará a luz, iluminará os sábios e cegará os que tiverem olhos e não quiserem ver; será o último reinado que facilite o regresso ao bem, recebendo cada qual ensinamentos e conselhos por inspiração própria ou por intérpretes dos anjos, escolhidos no seio mesmo das famílias.

Assim, a criança em tenra idade dirá coisas surpreendentes e os velhos a ouvirão, como outrora os doutores da lei ouviam o Cristo de doze anos.

Moisés conduziu a Humanidade à senda do trabalho e estabeleceu as leis da família; depois, veio Jesus despertar as virtudes mais altas e mais santas, que jaziam latentes nos corações: — a caridade, a solidariedade. Aos sofrimentos, antes julgados como sinais de maldição, estabeleceu uma recompensa e um mérito. Sem derrogar a lei moral, sem condenar o passado, a um e outro lhes fêz dar um passo avante, dizendo: — "O **Espírito** vos ensinará todas as coisas."

E, num dia memorável (1) nos anais do mundo, fêz um esboço das maravilhas do seu reino: — a legião de Espíritos que o secundavam em sua missão veio confirmar suas promessas, manifestando-se no seio de uma assembleia numerosa, que

(1) Pentecostes.

vira e ouvira o que o Messias anunciara para o reinado do Espírito.

E todo o povo foi tocado de deslumbramento e admiração.

Receiam eles que as revelações sejam acolhidas com ironia e com desdém; oram e estudam, e, a cada dia que passa, vêem germinar nas almas o fruto do seu labor, nas almas que definham na dúvida ou na tristeza.

Eis o que aguarda a Humanidade, o sinal dos tempos já começou a ser dado — homens que pressentiram os primeiros pródromos dessa Nova Era, caminham a passos lentos, sim, mas com prudência, nesse plano.

Os anjos do tempo de Moisés e do Cristo preparam-se para reaparecer aos homens e os guiar. Haviam-se afastado, ou antes, tornado invisíveis, para que a fé humana despertasse e os seus anelos se estimulassem na necessidade de os tornar a ver, a esses amigos. Eles responderão ao apelo dos homens, e, à medida que a confiança crescer no coração destes, as provas aumentarão na existência daqueles.

Minha mãe, como tenho diante dos olhos o quadro do futuro! Que série ininterrupta de acontecimentos! Tudo marcha a passos largos: as guerras desastrosas se precipitam, quais monstros esfomeados; mas é passando e devastando que elas se precipitarão no abismo que as há-de tragar e aniquilar para sempre, assim como essas nuvens que fogem, chicoteadas pelo vento, semeando a desolação e o terror!

Mas não se atemorizem os terrícolas dos flagelos que hão-de vir, porque também esses hão-de passar. Mas, fiquem certos, também, de que mais terríveis seriam eles, se mais lentos caminhassem.

CAPÍTULO VIII

CONFIDÊNCIA DA SENHORA MARCEL

Hoje, meu filho, é com viva emoção que a ti me dirijo.

E' que, desde a morte de teu pai, apenas conheceste uma parte dos desgostos que nos acabrunharam, e só agora, reconhecendo a tua fortaleza de ânimo, tudo te revelo.

Escuta-me, pois:

Até aqui, acreditavas que a perda da nossa fortuna fora ocasionada pela infelicidade de um amigo a quem teu pai, num momento angustioso para a sua honra, houvesse emprestado quantia superior às nossas posses.

De longa data eu notava a tristeza e o mau humor do meu companheiro, mudança de caráter que tanto me acabrunhava quanto entristecia, em se tratando de quem habitualmente se esforçava por me fazer feliz.

Abstinha-me, contudo, de o interpelar, pois sabia que um tabelião sempre tem segredos a guardar, e preferia tudo atribuir a contrariedades próprias do ofício.

O acabrunhamento moral bem depressa lhe prejudicou a saúde física, revelando-se, principalmente, por uma grande decadência de forças, até que um dia a moléstia irrompeu violenta.

Chamados os médicos, para logo declararam, no seu próprio interesse, a gravidade do caso, aconselhando-o a meter em ordem os seus negócios, dado que os remédios prescritos não produzissem apreciável melhora.

Depois de tal revelação, teu pai procurou meio de ficarmos os dois a sós e, chamando-me para junto do leito, tomou-me da mão e falou assim:

"Marta, toma-te de coragem para ouvir a revelação que te vou fazer, a ti, que tanto me tens amado. Impossível se me torna, no entanto, esconder por mais tempo a triste sorte que te aguarda.

"A morte aí vem a passos largos e só te peço que me não abandones até o último momento, nem maldigas de quem, a despeito dos seus erros, jamais deixou de te amar.

"Uma mulher, um gênio mau, atravessou-se no caminho da minha vida... Orgulhosa e perversa, soube seduzir-me com encantos que eu mesmo nunca pude definir. Odiando-a — coisa estranha! — não podia passar muito tempo longe dela, e, se por sua arrogância me rojava a seus pés, pelos seus sorrisos cheguei a cometer verdadeiras baixezas.

"Entretanto, tudo isso acontecia sem que deixasse de te amar, máxime quando comparava as tuas qualidades com as dela, a tua doçura com a sua arrogância.

"Desgraça minha, tais pruridos de consciência não me emancipavam da paixão funesta e eu deixava-me, cada vez mais, enliçar nos seus caprichos, fortalecendo os vínculos espúrios que nos uniam.

"E eram faltas inúmeras e sucessivas que ela me acarretava, abrindo sempre novos abismos na minha carreira.

"Separada do legítimo marido, que arruinara com a loucura dos seus gastos, vivia ela com uma filha de nome Lina, digna de tal mãe, pela identidade de gostos e inclinações, e que também contribuía, de sua parte, nas exigências da senhora Leonard para comigo.

"Com elas morava também outra jovem, esta, porém, não contaminada, felizmente, daquele meio pernicioso.

"Trata-se de uma órfã que me foi confiada muito criança, e cujos pais possuíam grande fortuna.

"Maria é de um caráter insinuante e meigo, e ignora absolutamente a sua posição naquela casa, supondo-se antes uma protegida da senhora Leonard, que fêz dela sua criada.

"Nunca tive coragem para impedir essa infâmia, nem para coibir os maus tratos infligidos à infeliz criatura.

"Entretanto, foi a sua fortuna que serviu durante dezesseis anos para satisfazer o luxo e o orgulho daquelas duas mulheres, enquanto eu esperava sempre reparar o desastre.

"Mas o certo é que os meus negócios se complicavam progressivamente e os meus clientes se inquietavam a justo título, pois a nossa ruína se tornava evidente.

"A senhora Leonard bem o sabia; mas nem por isso atenuava as suas exigências e desperdícios.

"Agora, vês, é toda a minha consciência revoltada e este desespero que me leva ao túmulo! O' minha Marta, perdoa!...

"Perdoa por quem és e nada reveles ao nosso Ludovico, destes fatos que lhe tornariam ingrata a memória de seu pai!..."

Com tais palavras, a sua prostração era completa e eu procurava reanimá-lo do melhor modo.

Acabrunhadíssima também, procurava dominar meu desespero, no intuito de tornar menos dolorosa aquela agonia.

Já a vida lhe fugia ràpidamente, a mão abandonada entre as minhas, os olhos semicerrados... Assim foi que lhe dei o beijo de paz e prometi sacrificar os haveres particulares à reparação dos seus compromissos, bem como tomar a meu cuidado a jovem órfã, à qual, não podendo proporcionar um dote, daria pelo menos a ternura e o amor de uma verdadeira mãe.

Estas últimas palavras foram como um calmante para o seu espírito e ele expirou em meus braços, deixando-me na perspectiva da miséria e da desonra.

Assim te falo hoje, meu filho, porque já não pertences a este mundo.

Se um dia, aí no espaço, vires teu pai perturbado e inquieto, não estranhes a sua situação. Ele virá, talvez, na companhia desse anjo que acaba de partir na tua frente, para pedir-te perdão e firmar a paz tão necessária à própria consciência!

Perdoa-lhe, meu filho, perdoa-lhe em nome do amor que me votas.

Preciso é, contudo, que termine a triste história.

Logo na primeira semana de viuvez, escrevi à senhora Leonard nestes termos:

"Senhora.

"Meu marido, no leito da morte, revelou-me tudo o que diz respeito à sua tutelada, que mantendes em vossa companhia; conheço quanto se há passado, concernente ao seu pecúlio, e, no intuito de reparar o dano causado, venho solicitar-vos ma entregueis para que lhe possa proporcionar ao menos o amor da família, que jamais gozou.

Maria Debart."

Por única resposta tive, no dia imediato, a visita de um cavalheiro acompanhado de uma donzela muito tímida, e cuja saúde me parecia profundamente alterada.

Esse senhor, depois de me apresentar, da parte da senhora Leonard, a senhorita Maria Nogues — *protegida* daquela, deu por finda a sua missão e retirou-se.

Uma vez a sós com Maria, perguntei afetuosamente se ela julgava poder identificar-se com a vida do campo que eu ia fazer.

— Oh! senhora — retorquiu com mal dissimulada alegria — há muito que habito em Paris e quero crer que a vida do campo é bem mais agradável. De resto, estando eu às suas ordens, para onde quer que a senhora for só me cumpre acompanhá-la.

— Não, minha filha, disse eu abraçando-a, não estás aqui para servir-me, e sim como uma filha junto de sua mãe.

— Obrigada, senhora, que bem me fazem essas palavras... Esse nome de Mãe jamais correspondeu ao apelo do meu coração e é a primeira vez que o pressinto conjugado ao da felicidade.

Era meu intuito fixar residência no departamento dos Landes, que eu visitara com teu pai, alguns anos depois do nosso casamento, mesmo porque, a tristeza daqueles sítios se harmonizava com a do meu coração.

Conservando da minha fortuna o estritamente necessário para viver com modéstia, tinha em mente retomar o meu nome de família, a fim de tornar-me desconhecida na minha nova situação.

O que me entristecia era não poder custear o prosseguimento dos teus estudos.

Estavas, a esse tempo, na escola de artes e ofícios e, ali, fazias progressos rápidos. Conhecendo a mecânica, resolveste, sem mais hesitação, dedicar-te à sua prática, até que pudesses, com o fruto do próprio labor, reencetar os teus estudos.

Foi assim que te deixei em Paris pelo espaço de três anos, a completar o teu aprendizado.

Durante essa penosa separação, uma correspondência contínua nos aproximava mentalmente; a vida tranquila do campo e a companhia de Maria, deram um pouco de calma ao meu espírito, e, quando de ti falávamos tantas vezes, um cândido rubor animava o semblante da companheira.

E maior e mais intensa era aquela emoção, quando em tuas cartas falavas da tua vida.

Belo, realmente, o dia em que todos nos reunimos para não mais nos separarmos senão momentâneamente, visto que encontraras um trabalho em Mimizam, pequena localidade situada a três léguas da nossa residência.

Conosco passavas invariàvelmente os domingos, e na placidez dos nossos costumes nem mesmo te davas por achado com a mudança material da nossa posição.

E como eu exultava com a santa e doce amizade que se estabelecera entre ti e a minha filha adotiva!

Pois que possuías vinte anos em flor, a coragem e a energia te tornavam o trabalho agradável, nada mais ambicionavas, tão certo é que — a ambição pára onde o coração se alegra.

Ao fim de três anos, por tuas economias conseguiste juntar soma suficiente para montar casa, aguardando apenas oportunidade para pedires a mão de Maria, em casamento.

Grande foi a sua alegria, quando lhe dei parte dos teus projetos de união, e por toda resposta deu-me um terno abraço, murmurando baixinho esta singela frase — "Minha mãe..."

Passados alguns dias, o padre abençoava esse enlace promissor de tantos momentos felizes; todo o peso que acabrunhava minhalma havia desaparecido, a reparação como que havia sido encaminhada pela Providência e eu dava graças a Deus.

Entretanto, a moléstia que de começo afetara Maria e apenas se atenuara em todo aquele período risonho, despertou mais violenta com o nascimento de Leonina, e, a contar dessa data, os sintomas alarmantes aumentavam, as palpitações do coração se repetiam, tudo fazia prever um desfecho prematuro.

Foi quando a tristeza e o desânimo entraram a trabalhar o teu espírito, a minar-te a existência.

O resto, tu o sabes. Dize-me agora: ouviste-me, compreendeste-me, não é assim?

— Sim, bem o adivinho na pressão de tuas mãos, que não abandonaram as minhas.

A minha única ideia foi preparar-te para um perdão cuja hora há-de soar, como o pressinto.

Responde-me, portanto, meu filho, pois tenho necessidade de ouvir a tua voz para acalmar a emoção despertada de todo este triste recordar.

Muito te hei falado, talvez, da Terra; fala-me tu do céu e perdoa-me se o teu Espírito se anuvia e entristece, também, com esta dolorosa revelação.

CAPITULO IX

LUDOVICO CONVERSA COM SUA MÃE SOBRE A REENCARNAÇÃO. — SOMOS O PRODUTO DAS NOSSAS OBRAS

Após um momento de repouso, necessário para reparar a tensão do seu espírito, Ludovico tomou a palavra:

— Agradeço-te, minha mãe, o me haveres orientado da situação de meu pai, poupando-lhe a humilhação de fazer-me esse penoso relato dos seus atos terrenos.

Continuo a venerá-lo como outrora; e Maria, esse anjo tão devotado, te-lo-á procurado e encontrado, a esse pobre culpado, para dizer-lhe que também lhe perdoa.

Ah! que não saibas, mãe querida, quanto é carinhoso o comércio de afeições entre os Espíritos! Os perseguidos procuram os perseguidores e são os primeiros a oferecer-lhes o ósculo de reconciliação. Apraz a Deus ver os seus filhos contribuírem para a própria felicidade; o livre arbítrio regula as aspirações numa ordem perfeita; sou duplamente feliz de haver amado tanto a Maria, participando dessarte na reparação das injustiças que ela sofreu.

Sei, também, que tudo tem sua razão de ser, e os que sofrem na Terra são os que mais se aproximam de Deus; quando chegarmos a conhecer os motivos das nossas provas, a justiça brilhará aos nossos olhos na plenitude de sua pureza.

Há faltas impossíveis de serem perdoadas neste mundo em que habito, porque a reparação é a mais importante das condicionais do perdão, e mister se faz que essa reparação ocorra nos mesmos planetas em que as faltas são cometidas.

Deus permite o esquecimento dessas coisas ao Espírito que novamente reencarna para sofrer, porque nas esferas onde reina o mal com tanta violência, qual na Terra, a expiação de outro modo se tornaria impossível.

Não fôsse o segredo das faltas encerrado nos véus da eternidade, e as alegrias da vingança — o aguilhão do orgulho — asseteariam o Espírito vingativo, que, sob a máscara da carne, jamais perdoaria.

Em relação às almas sofredoras, duas coisas se podem consumar no mundo espiritual: prepará-las, em primeiro lugar, para o arrependimento e, consequentemente, dar-lhes a esperança do perdão.

O Espírito que não soube travar as próprias paixões, apenas ouve os brados da consciência indignada; as trevas o cercam, a inteligência se lhe embota, procura em vão reminiscências agradáveis que lhe dissipem o fogo devorador daquelas mesmas paixões, transbordantes e copiosas, quais lavas candentes de um vulcão em chamas.

Útil, esta primeira prova, porque os Espíritos que a sofrem guardarão uma lembrança, posto que vaga, das torturas do remorso, e, mais tarde, quando à beira do abismo, a voz da consciência será mais fàcilmente escutada.

Quantas dessas pobres almas, acreditando-se abandonadas, sabem apreciar esses raios de luz que fazem brilhar de vez em quando um como relâmpago no seio da obscuridade!

O céu como que se abre para logo se fechar; uma centelha de esperança brilha no seu Espírito atribulado, e, quando o anjo da caridade, com suas asas de ouro, vem dissipar todos os fluidos que retinham preso o pecador, o Espírito pode compenetrar-se de tão doce influência para instruir-se nas verdades eternas, cujas leis imutáveis ignorava quando encarnado.

Fica assim compreendendo, minha mãe, porque a reparação não se pode completar no mundo espiritual.

Se tal acontecesse, não haveria o mérito e Deus quer que sejamos o produto mesmo das nossas obras.

Não há instrução boa que não atraia graças para a prática de uma boa ação: os meus pensamentos repelem essas graças; a consciência não se alivia enquanto a reparação não se completa.

Ela, a consciência, é severa porque possui em si a justiça, que é o cunho de Deus em nossas almas, e é por ela que participamos da divindade e a ela nos ligamos.

CAPITULO X

PALESTRA DE LUDOVICO COM UM ESPÍRITO

Estava a senhora Marcel assentada perto do filho, preparando-o, como de costume, para a entrevista diária.

Acabava o moço de beber algumas gotas do elixir que lhe mantinha a tão delicada vida, e a palavra lhe veio insensìvelmente, com a diferença, porém, de que não respondia às perguntas de sua mãe, antes parecendo discorrer com alguém que estivesse invisível.

Fazia-o, porém, de semblante jovial, como refletindo intensa e doce alegria.

— "Anjo do céu! — exclamava comovido — tua presença luminosa me perturba e penso que velaste o semblante, pois de outra forma impossível me fora suportar o brilho do teu olhar.

"Ao ver-te, é como se me invadisse todo um santo temor, naturalmente porque estou assaz ligado ainda à matéria, para receber por muito tempo a radiação celeste da tua aura: ver-se de longe os Espíritos puros é um doce deslumbramento; mas ser envolto nos seus fluidos pode causar-nos a morte.

"Vens tu desatar os frágeis laços que ainda me prendem à Terra?

"Estará, porventura, terminada a minha expiação? Poderei tornar a ver Maria? Neste caso, leva-me, leva-me contigo, faze-me gozar depressa da tua felicidade. Ouço-te, fala-me."

E tal dizendo, Ludovico todo se inclina ao seio de sua mãe, como que procurando ouvir a voz do anjo.

A fronte lhe escaldava, os membros iam-se-lhe tornando rígidos...

A pobre senhora, acreditando que o desprendimento do filho ia dar-se, orava fervorosamente e tremia....

Por fim, Ludovico respondeu, mas com voz estranha, como se outrem lhe empolgasse os órgãos:

— "Mãe — dizia essa voz — chama por teu filho, fala-lhe, uma vez que ele quer partir a cadeia antes da hora chegada."

Marta readquiriu, então, toda a sua energia e lembrou-se de que, se esmorecesse, o filho se calaria para sempre.

E foi assim que, tomando aquela cabeça inteiramente reclinada no seu seio, lhe ordenou em tom imperioso:

"— Ludovico, dize-me o que se passa, repete-me as palavras do anjo, pois que só tu as ouviste.

"E' preciso não esqueceres que tens de permanecer ainda junto deste corpo, uma vez que a expiação do teu passado ainda se não concluiu."

A tais palavras, ele distendeu os membros, já então flexíveis e deixou transpirar à flor dos lábios um sorriso de ventura.

— Minha mãe! se soubesses a força do fluido que arrasta o Espírito...

Há fluidos que atraem no sentido ascendente e há-os que atraem no sentido descendente, conforme as aspirações.

Para subir, é preciso sentir em si o amor das coisas divinas; é preciso manter o desejo de encontrar, nas altas esferas, seres queridos que, ao morrerem, consigo levaram pedaços de nossa vida; é preciso, enfim, ter sofrido bastante.

Aqueles que gozam com as paixões terrenas, esses são pesados de mais para se elevarem e rastejam, insinuam-se no plano dos encarnados, que com eles se identificam por seus vícios e más inclinações.

Falar-te-ei, mais de espaço, do mal que acarretam.

São eles, esses Espíritos, que contribuem para retardar o progresso humano, chegando mesmo, algumas vezes, a assaltar os bons para os perverter. E' o que se chama obsessão.

Entretanto, neste momento, apenas me cumpre falar-te da minha felicidade.

O Espírito que se manifestou, disse-me ser o meu protetor, o meu guia, e vai conduzir-me espaço afora, sem quebrar os laços que ainda me chumbam ao corpo.

Daqui por diante, meu Espírito não mais ficará imóvel, a admirar as belezas que a rotação celeste e a percepção intelectual me desvendavam, não; daqui por diante vou conhecer o bem e o mal, vou visitar os calcetas do remorso, aos quais também procurarei libertar, estendendo a mão aos que sucumbiram ao peso das suas fraquezas.

Pois que tenho um guia, sinto-me revigorado de esperanças que ele me trouxe e serei, dentro em breve, digno de perdão.

CAPITULO XI

LUDOVICO INVESTIGA AS SUAS REENCARNAÇÕES — SUAS TORTURAS MORAIS AO DESCOBRIR A PRIMEIRA EXISTÊNCIA — MEIO SÉCULO DEPOIS DA SUA MORTE. QUADRO DE REMORSOS — INSTRUÇÕES DO SEU GUIA

Minha mãe, quanto me sinto mesquinho!

Hoje, disse-me o anjo que, antes de conhecermos o bem e o mal, importa aprendermos a nos conhecer a nós mesmos.

Vou, por conseguinte, empreender com ele uma peregrinação tão longa quão penosa.

Para me amparar na rota perigosa, tomarei um bordão de peregrino; hei-de encontrar, por força, barreiras e precipícios; os pés se me rasgarão nas pedras e nas urzes do caminho; a sêde me escaldará a garganta na travessia de áridos e longos desertos, de tudo o meu Espírito provará: glórias e abandono, honras e desprezo, fortuna e pobreza.

Regarei do meu suor vários pontos da Terra e tomarei, alternativamente, o aspecto de um velho e de uma jovem.

De novo experimentarei, qual outro mortal, as dores físicas e morais das minhas existências terrenas, mas meu corpo não será de forma alguma atingido.

Minhalma, e só ela, sofrerá, pelo que importa

se revista desse imperecível invólucro chamado perispírito.

Nada temas, entanto, porque breves serão meus sofrimentos.

Neste instante vejo-me em vasto campo de batalha; contemplo cenas horrorosas, vítimas inúmeras... Os moribundos soerguem-se penosamente, e penosamente tombam, para não mais se erguerem. E vejo, e vejo mais: armas despedaçadas, cavalos mortos, a esmagarem na queda, com o peso do próprio corpo, os cavaleiros intrépidos.

De um lado distingo, após a carnificina, homens animados de uma abnegação heróica a retirar dentre os mortos aqueles a quem resta ainda um instante de vida, a fim de pensar-lhes as feridas; doutro lado, são bandidos que chegam, salteadores ignóbeis que, quais hienas de fauces sangrentas, se concertam na pilhagem, no saque aos mortos.

E vejo também, no espaço, multidão de Espíritos ainda sob a impressão da luta em que sucumbiram, como procurando naqueles fossos sangrentos os seus corpos e as suas armas, para continuarem a defesa.

Voltam-se para mim, de olhares penetrantes como puas de aço, e me reclamam lhes restitua o sangue derramado, a vida perdida.

Deus meu, quanto sofro! Esse espetáculo trespassa minhalma; lembro-me dessa cena horrível, que me recua a muitos séculos passados, e na qual me sinto corporificado fluìdicamente num homem que padece violentos remorsos. E experimento, de fato, a tortura da consciência, que me grita: — "Acabas de trair a Pátria! esses mortos são todos tuas vítimas, pois os fizeste assassinar covardemente!"

Minha mãe, estou assombrado da situação em que me encontro!

Não, não sou, de certo, mais teu filho, pois que de o ser me considero indigno... E, no entanto, conservo no peito a cruz honorífica! Mas tenho os pés atolados num amálgama de poeira e sangue. O anjo que me assiste, contempla-me com ar piedoso, fazendo-me ouvir estas palavras terríveis: — "Vê o papel que representaste nesse drama pungente, cedendo à mais perigosa das paixões — a ambição.

"Foi ela que te perdeu, quando mercadejaste todas essas vidas a ti confiadas para defesa da tua Pátria. Aproveitando-te da escuridão, uma noite, deixaste o inimigo entrar na praça e os teus soldados desarmados, a maioria dormindo, foram todos degolados como cordeiros.

"E, ao passo que isso se dava, tu, ao abrigo de perigos e canseiras, estipulavas com o soberano estrangeiro o preço da tua aleivosia. Para obter o perdão dessa triste existência, foi preciso que ficasses por um meio século no mundo espiritual, atolado nesse charco de sangue, a contemplar imóvel o quadro que acabas de rever. E durante esse tempo, jamais uma imagem consoladora te desviou o olhar, nunca de alguém pudeste ouvir uma palavra de esperança. Assim, acreditavas-te para sempre mergulhado nesse inferno de sangue, a tua inteligência não podia ultrapassar-lhe os limites, para buscar além um repouso, uma consolação. Mas, ainda bem que, após a rude prova, essas imagens sinistras se foram afastando pouco a pouco, para se fixarem nos antros tenebrosos aos quais se consignam os atos reprovados por Deus — as quedas e fraquezas dos homens. Esse quadro do livro da tua vida, o tempo não o poderá destruir nem alterar jamais, pois que os teus próprios remorsos o esculpiram em fluidos eternos."

— Oh! meu guia, como pode a alma suportar por meio século a contemplação de tal espetáculo?! Dado já me não é calcular o tempo decorrido, desde que experimentei momentâneamente esta prova. Contudo, a tua presença me tranquiliza; alumia-me a luz que circunda o teu rosto, nesta noite tenebrosa, o que há pouco não sucedia, na intercorrência dessa visão expiatória, apenas esbatida à luz mortiça de archotes misteriosos, com aqueles homens abnegados que amortalhavam mortos e pensavam feridos.

Pois que a alma é imortal — responde o anjo — ela pode resistir a todos os tormentos.

Encerrada num corpo, mina-o por seus remorsos; liberta, pode experimentar tantos males quanto de ventura possa, igualmente, suportar, insensível à ação corruptora de todos os elementos. O tempo, para ela, sem marcos nem cadências que o assinalem, decorre silencioso e sombrio como as suas próprias culpas. Ao réprobo, não lhe concede Deus sinais quaisquer de sua existência; tudo lhe é retirado, exceto a faculdade da prece, única que o aguarda além dessas muralhas altíssimas, que o separam da felicidade e da paz, tais como o corpo o separava do mundo espiritual.

— Mas, dize-me, bom guia, o que importa fazer por aqueles que padecem tais expiações; conduze-me para junto deles, a fim de que lhes possa levar o primeiro raio de esperança. Que ventura não experimentaria eu, vendo dissiparem-se para eles as visões aterradoras dos seus crimes!

Como desejaria lançar-lhes o grito de liberdade através dos muros do seu obscuro cárcere, e compenetrar-me de toda a grandeza dos seus remorsos!

Nossa peregrinação ainda não está terminada — diz o anjo — e esqueces, neste momento, que ainda permaneces preso ao Planeta.

Demais, é preciso regressar à Terra quanto

antes, visto como as emoções agora experimentadas romperiam, com pouco mais, os laços que a ela te prendem, e muitas coisas temos ainda que perquirir.

Todas as encarnações que realizaste se te apresentarão nos seus aspectos mais pungentes, e com os fatos principais que decidiram do encadeamento delas.

Verás, assim, com que lentidão os mortais atingem a felicidade espiritual; calcularás os empecilhos que juncam o caminho do céu; poderás compreender, nessa viagem de investigação em busca da verdade, quanto Deus é sábio e misericordioso, outorgando a seus filhos o tempo para chegarem até Ele por caminhos diversos. Pois que a Pátria celeste é infinita como Ele, e a todos se abre, podemos afirmar que todos os caminhos lhe vão ter.

— Sinto-me exonerado desta iniquidade, vindo como um penoso pesadelo asfixiar-me de agonias. Respiro agora, mercê de Deus, tornando a encontrar a paz da consciência.

De tal existência, sinto-me perdoado, e o horror que o mal me inspira é penhor de como estou emancipado dele.

Que gozo para o Espírito o repúdio dos seus maus instintos!

Estou, finalmente, regenerado pela expiação.

....

— Eis-me aqui, minha mãe, perto de ti, morto de cansaço.

Mais tarde e sempre com o meu guia me entregarei a investigações minuciosas no arquivo do passado, para encontrar os destroços da herança que Deus me confiou e loucamente dissipei.

Feliz serei se em cada encarnação descobrir, incorporado ao patrimônio do meu Espírito, um bom predicado adquirido pela experiência.

— Meu filho, desde que conheço os combates que as almas hão-de travar para a conquista da perfeição, as criaturas se me afiguram duplamente caras e acredito, também, que a família fortaleceria os seus laços, mais no interesse do predomínio da honra e da virtude, entre os que amamos, do que no predomínio pela autoridade da fortuna e do bem-estar.

No coração materno há um instinto que não engana jamais — é o da educação dos filhos. A mãe procura, espreita com interesse a primeira fagulha de inteligência, que deixe transparecer as aptidões da alma, e, sejam virtudes sobre as quais ela funde prèviamente todas as melhores esperanças, sejam faltas que note e que perturbem o seu julgamento, tudo leva à conta do sangue que lhe corre nas veias como tara da família, quando, na realidade, não passa de reminiscência inconsciente de vidas anteriores. A família deve ser considerada como alavanca poderosa que auxilie o Espírito, elevando-o às divinas aspirações, reconduzindo de modo permanente ao caminho do bem os pobres desgarrados dele pelos seus maus instintos sempre funestos, se não houvesse guias visíveis e invisíveis para sustá-los à borda do abismo.

CAPÍTULO XII

LUDOVICO DESCORTINA UMA SEGUNDA EXISTÊNCIA — O CAMPONÊS — REMINISCÊNCIA INCONSCIENTE DA VIDA MILITAR — A POSIÇÃO SOCIAL COMO FREIO — O CAMPONÊS NO MUNDO DOS ESPÍRITOS

Estou sempre pronto, meu anjo, ao teu chamado. Ansioso, aguardo o momento da revelação de minha segunda existência terrena e, qual viajante reconfortado por uma bela noite de sono, o último repouso deu-me novas forças para prosseguir na jornada.

— Dir-se-ia — responde o guia — teres o pressentimento desta nova excursão... De fato, para fazê-la, importa levantar cedo, chegar ao trabalho antes da aurora, enquanto a neblina ainda encubra o Sol. Bela, a Terra nessa hora! Vês? Chegámos. Já não é mais o campo de batalha juncado de cadáveres e empapaçado de sangue, pois que ao teu olhar fatigado de uma tela tão sinistra, se impunha como necessária a perspectiva destes campos.

Olha que encantadora paisagem: o Oriente se tinje de rosa, as aves despertam nas frondes húmidas e na relva os insetos voltivoam. Como tudo parece renascer para a vida, no afã de perpetuá-la. Ali, o regato hialino, que o rebanho desaltera, antes que este procure a suculenta pastagem; além, os bois jungidos à canga, pacientes, aguardam o campônio que para eles se encaminha, e logo o ferro da charrua sulca a terra para torná-la mais fecunda!

Contempla, igualmente, essas ricas encostas cobertas de vinhas, e, além, aqueles prados de louras espigas do mais belo trigo.

E' tudo calma, respira tudo a felicidade, neste concerto da Natureza! Por fim, surge o Sol a dourar quanto encontra; suave, a princípio, o seu calor enxuga as flores húmidas. Nenhum ruído áspero, nenhuma blasfêmia, perturbam ainda a paz da manhã; e o homem do campo deve bem sentir-se, enternecido ante este cenário, no qual há qualquer coisa que a nós, Espíritos, lembra a doce impressão da nossa pátria formosa.

Mas dize-me, Ludovico, porque tomas, mesmo assim, essa fisionomia conturbada?

Parece-me que te queres aproximar dessa charrua, disposto a lavrar a terra e a zurzir, despiedoso, esses animais que te servem ao só preço da sua alimentação; e já as pragas te rebentam nos lábios, enquanto o rosto se te contrai na mais sombria, e mesmo brutal das expressões! Dize-me, que sentes?

— Pois bem; direi. E digo que a respeito da calma que nos rodeia, sinto nascer dentro em mim uma terrível tempestade e as paixões que me dominavam, antes da expiação de um meio século de remorsos, parece reavivarem-se. Tudo o que me cerca me desperta a cólera, e tudo vejo por um prisma diverso de toda a gente.

O orgulho cega-me, minha razão escuda-se não mais na justiça, mas numa vontade egoísta; meu espírito altaneiro, como que sofre os efeitos dessa condição humilde de campônio, na qual me vejo ignorado e votado ao esquecimento.

Oh! que turbilhão de recordações me chegam

agora ao cérebro, de tropel! E como que vejo o seu desfilar tumultuoso nos mínimos detalhes...

Antes de optar por esta existência humilde, era eu, no espaço, esquivo e tímido, qual o galé libertado que busca fixar-se longe do teatro das suas façanhas.

Pela mesma razão, meu espírito se esquivava aos encontros, aliás frequentes no espaço, dos seres que porventura pudessem reconhecer-me; mas, não obstante, instruía-me, aprendia a reprimir as más inclinações, ouvindo conselhos de Espíritos bons; depois, quando me julguei assaz forte para triunfar completamente, veio-me a ideia de escolher uma família honesta em cujo lar pudesse reencarnar.

Assim, pois, duvidava ainda de mim mesmo, certo de que a carne é um óbice às boas resoluções, sempre que os vícios têm raízes, e, por isso, pedira a vida pacífica do campo, de sorte a não dar novo alimento às minhas paixões, ao contacto de mundanas intrigas e grandezas.

E escolhera precisamente esta região privilegiada pela Natureza, vendo-a ao sair do cárcere dos meus remorsos, nesta manhã que ora revejo, com estas mesmas flores e regatos.

Necessitado dessa calma, meu Espírito se transportara a este lar humilde, mal entrevisto sob espessa folhagem.

Nele vivia pacìficamente, do próprio labor, um casal de probos camponeses.

Desprovida de ambição, sob o regímen da mais perfeita paz conjugal, vivia essa família ainda pouco numerosa; apenas um rebento, uma menina radiante de viço e de saúde, a quem muito me aprazia contemplar. E chamava-lhe irmã, antes mesmo de me ser dado o ensejo feliz de reencarnar a seu lado, no seio daquela boa gente.

Chegado o momento, fui prevenido por um bom

Espírito, o qual, depois de me haver aconselhado e orado comigo, deixou-me só. Experimentando, então, uma perturbação indefinível, semelhante à de um moribundo, a memória se me desvaneceu pouco a pouco e a razão tornou-se-me indecisa, flutuante.

Não mais, então, tentei afastar-me daquele ambiente escolhido, pois que meu corpo também se formava no seio daquela que haveria de ser minha mãe.

Ela, coitada, já sofria os efeitos da minha doença moral, entregue a vagas tristezas, a pensamentos estranhos que não sabia explicar, ignorando, como ignorava, que um Espírito tristonho e apreensivo, ao encarnar, transmite ao ser materno, sem o saber, as suas emoções.

À medida que o meu reaparecimento no mundo material se aproximava, crescia em mim a perturbação, a memória a mais e mais se esvaecia, adormecidas como que ficavam as faculdades intelectuais.

Um dia, enfim, o Espírito despertou desse entorpecimento por meio de dores cruéis e eu assisti ao nascimento do meu corpo. E enquanto todo eu, em substância nesse corpo, me transfundia e penetrava, parecia-me que um fogo devorador o consumia.

Era um estado particularíssimo, aquele, e foi-me preciso inaudito esforço para apossar-me dos meus sentidos corporais. O choro, eis a primeira manifestação dessa posse.

A seguir, experimentei logo as necessidades materiais. Sabia que vivia, sim, mas que vida! A boca entreaberta, a cabeça ora à direita, ora à esquerda, eram o indício de que já buscava o seio nutriz, por esse instinto aderente a tudo que tem vida. Os animais o possuem em grau mais elevado que o homem, uma vez que, sem essa inspiração elementar, não se proveriam do que lhes fora necessário à subsistência.

O homem tem uma outra vida a nutrir mais tarde — a do espírito — e é só quando o corpo se encontra robustecido pela ação do instinto, que a inteligência desperta do seu entorpecimento. Também tive esse despertar, brusco e temeroso para minha mãe.

Por minha arrogância muito a fiz sofrer, e à minha irmã, quantas e quantas lágrimas lhe não provoquei com dissimuladas perversidades!?

Minha juventude foi tempestuosa e, logo que a idade o permitiu, fiz-me soldado.

Nessa condição, mais que nunca, meu caráter violento teve ocasião de expandir-se em rixas e transportes de arrebatamento. Indisciplinado por índole, era constantemente punido e o castigo, em vez de tornar-me dócil, mais me irritava o ânimo contra os superiores.

Decorridos alguns anos nessa luta, voltei ao lar e continuei a tarefa de meu pai, já então velho e doente; e acabei casando-me com uma rapariga cujas preciosas qualidades de gênio submeti logo a rudes provações.

Não tendo mais soldados a instruir e a comandar, nem regalias nem lisonjas que me permitissem o franco exercício do inato despotismo; adstrito, por condição, a só conviver no seio da família, haveria esta de experimentar o efeito das minhas imperfeições.

Assim, pois, mulher e filhos tremiam à minha aproximação; os criados eram tratados como escravos; e até os animais domésticos se constituíam, muitas vezes, vítimas imbeles da minha cólera latente.

Confrontando, agora, essas duas reencarnações, a do militar e a do camponês, sinto-me nesta menos mau, é verdade, mas apenas por ser menos poderoso. Oh! Meu Deus, que fogo não se faz preciso para consumir a maldade?! Mais uma existência inútil!...

Depois dessa existência, tão em desacordo com as minhas promessas, muitos anos passei no mundo dos Espíritos...

Não via a paisagem bela, que se transformara em terra ingrata e árida, a fim de ser por mim mesmo cultivada. E para isso, tinha a cercar-me trabalhadores rebeldes, que menoscabavam das minhas ordens, e animais que pareciam insensíveis às pancadas com que acreditava martirizá-los.

— Se tu não progrediste nessa encarnação — diz o guia — ao menos encontraste no espaço o fruto das tuas boas resoluções. Pediras uma existência humilde e obscura, temendo das próprias forças, e punhas, dessarte, um freio às tuas paixões. Quanto à irascibilidade de gênio, era a consequência dos próprios obstáculos que a tua condição social impunha.

Lògicamente, regressavas da Terra, descontente: possuindo um coração frio, a ninguém e a coisa alguma te devotaras, de modo que nenhum pensamento simpático poderia vir da Terra por consolar-te; esqueciam-te como se esquece ao egoísta. E foi assim que a tua própria consciência formou, em torno de ti, esse campo árido, com esses servos insubmissos e esses animais insensíveis aos teus castigos.

— Pobre Ludovico, quanto hás sofrido! — disse a senhora Marcel.

E enquanto o dizia, abundantes lágrimas lhe inundavam o rosto, como se também houvera experimentado as torturas do filho bem querido, antes de atingir o grau de abnegação e doçura que eram agora sua característica.

CAPÍTULO XIII

TERCEIRA ENCARNAÇÃO — PERIGOS DA BELEZA — DONZELA PERDIDA — A DUREZA DE CORAÇÃO — A LOUCURA — SUAS VISÕES — A EXPIAÇÃO

Oh! como sinto reaquecer-se o meu coração, ao passo que a inteligência experimenta todas as voluptuosidades de uma imaginação viva e ardente!

Eis-me mulher, e nova, buscando no desconhecido quimeras e ilusões!

Mal transpusera a adolescência, paixões novas me assediaram, paixões estas que, tal como as outras, eu não procurava extinguir, antes lhes dava estímulo com as lisonjas que me favoneavam a vaidade.

Antes de mais nada, escravizei-me aos encantos da própria beleza. O coração egoísta, que jamais soubera amar, devia começar palpitando por um sentimento todo individual.

Cedo orfanada, a velha tia que me criava, balda de perspicácia, não dava maior importância às minhas precoces tafularias, e eu me deixava molemente resvalar nesse plano inclinado, que tantas vezes leva as pobres criaturas ao abismo da prostituição.

Vejo-me agora na flor da idade, nessa quadra em que a mulher atinge a meta da graça e da beleza; adoradores sem conta atropelam-se em torno da minha pessoa; deixava-me adorar e, quando alguém se arruinava por satisfazer-me os caprichos, o que eu sentia por esse desgraçado insensato, que me amava realmente, era a mais cruel indiferença. A tais demonstrações de sentimentalismo, sorria piedosamente; e, se a vítima pudesse, ao tempo, ler no íntimo do meu coração os sentimentos mesquinhos que o paralisavam, certo cuspiria na máscara de carne que acobertava tantas imperfeições.

Mãe por duas vezes, tratei de arredar de mim os pequeninos seres, que, pelos cuidados a que tinham direito, se constituíam num embaraço aos meus desregramentos. De resto, com a vida que levava, não se coadunariam as doces abnegações da maternidade e eu queria ser livre, inteiramente livre de todas as peias.

Não obstante a frieza dos meus sentimentos, experimentava profunda tristeza sempre que mulheres pobres de mim se aproximavam, filhos ao colo, solicitando uma esmola, esmola que eu dava sem relutar, mas, também incapaz de discernir se o desejo de minorar-lhes a miséria era o móvel do meu ato, ou, antes, se o fazia no intuito de asfixiar um remorso.

A ideia da velhice apavorava-me, mas, tão bela qual fora, parecia-me impossível que o tempo me impusesse a sua lei de ruínas e decàdência.

Como?! Esse rosto de que tanto me aprazia cuidar, poderia jamais emurchecer, vincar-se de fundas rugas? Os cabelos luzidios, de ébano, chegariam a embranquecer, a cair? E o corpo, esse corpo esbelto, de alabastrina brancura, como poderia ele curvar-se ao peso dos anos? Não, monologava: — uma mulher como eu não deve ir, não pode ir além da idade viril; deve, lògicamente, passar dos braços dos seus amantes saudosos para uma campa perfumada, sem alterar a inata beleza.

Mas, apesar do aturdimento de uma vida dissoluta, não era possível sopitar uma voz interior que me gritava: — "Tens em ti um coração de mulher para amar a Deus e a família, e, sem embargo, o prostituis ao impulso das paixões mais vis!..."

Essa voz de tal modo me obsidiava, que, para não a ouvir, lançava-me mais e mais ao meio das orgias. A solidão também me intimidava; idólatra da própria beleza, temia ficar a sós comigo mesma, confabular com o meu "ego", fugindo, por assim dizer, de mim mesma, como se foge ante uma sombra ameaçadora.

Agora é que tudo compreendo: era a voz da consciência a manifestar-se pela primeira vez! E' que eu fora atingida dessa centelha de fogo sagrado que queima sem aclarar, para mais tarde esclarecer sem queimar!

Em nenhuma das minhas existências ouvira a voz da consciência, nem experimentara as torturas do remorso; muitas vezes, vinham lágrimas humedecer-me as pálpebras, mas essas lágrimas não eram assaz abundantes para estravasar, e, nos meus sonhos, sempre agitados, era comum se me apresentarem duas crianças míseras e contrafeitas, dizendo-me: — "Mãe, pois que és rica, dá-nos pão; dá-nos carícias, amor... Pelo teu repúdio, eis que erramos na vida, sem rumo, sem amparo, transidas de fome e de frio. Dá-nos, mãe, das tuas coberturas para nos aquecermos, abriga-nos a um canto da tua suntuosa habitação..."

Esses pesadelos, avolumando-se de intensidade, modificavam a minha índole folgazã de outrora, e a consequência dessa espécie de obsessão foi uma neurastenia que eu procurava, a todo transe, dissimular.

Não tardou que a beleza corporal se ressentisse desse mal secreto e entrasse logo a definhar...

Então, meu Deus, que desespero! Os amigos doutros tempos abandonaram-me, ostensivamente; vi a ruína e a miséria avançarem a passos largos, até que, ao despertar de um sonho horrível, um dia, me pus a gritar, a contorcer horrìvelmente os músculos, no afã de combater invisíveis inimigos. Os médicos declararam-me louca, amarraram--me e lá me fui dar com os ossos a um manicômio, onde tive de submeter-me ao regime dos internados indigentes, uma vez que por mim ninguém se interessava e muito menos pagava. À porta daquela casa sinistra ficaram todos os meus triunfos de mulher galante, e eu bem compreendia a extensão da minha queda, nos momentos de lucidez intercorrentes.

Por fim, o desespero acabou por exercer em mim toda a força da sua tirania, sem que eu tivesse para atenuá-lo, nem a religião nem o amor; foram-se-me os dias nesse triste asilo, onde tantos desgraçados findam, ou perdendo os restos da razão, ou deixando-se dominar inteiramente por uma influência oculta.

Este último, era bem o meu caso, eu era uma obcecada pelos meus sonhos.

Regressando ao mundo dos Espíritos, fui recebida por aquelas duas crianças, que fizeram a infelicidade da minha existência, terminando, também elas, por sucumbirem miseràvelmente, em consequência de cruel enfermidade hereditária.

Certo, elas me foram dadas na Terra como instrumento da justiça divina, mas o meu coração endurecido talvez tivesse podido, graças a elas, lograr as primícias da sensibilidade; a verdade, porém, é que, afastando-as de mim, apenas consegui me perturbassem os sentimentos, sem os melhorar.

Depois, veio a calma preencher o tempo necessário ao reconhecimento de mim mesma; considerei a minha posição, compreendi o meu erro. Pedindo a encarnação num corpo feminino, tivera em vista despojar-me mais fàcilmente do despotismo, e dizia-me: — dessarte, terei um marido que me dominará, filhos necessitados do meu amor, e hei-de tornar-me melhor.

Enganei-me. Uma vez mulher, os homens se rojavam a meus pés, quais escravos; abandonei os filhos, não quis, sequer, conhecê-los e não tive cuidados outros que não o cultivo da beleza com que a Natureza me brindara.

Aquela voz íntima que se fazia ouvir, na Terra, falou-me novamente, repercutiu em todo o meu ser como o raio sobre o monte Sinai: — "Não amaste senão o teu corpo... pois bem; volta para junto dele, até que se transforme em poeira!"

Sem mais ouvir, quando dei acordo de mim, estava num cemitério, pendido o Espírito sobre uma vala comum, na qual descobri o corpo outrora tão cuidado.

Horror! Estava, todo ele, intumecido pela humidade do solo e coberto de placas violáceas; na boca entreaberta, os vermes começavam a sua tarefa destruidora; um miasma nauseabundo sufocava-me!

Horrorizada, tentei fugir e não pude... Tive, portanto, de acompanhar a decomposição em todos os seus graus, vi miríades de criações espontâneas a explodirem da carne; vi o aniquilamento do último fragmento de osso, e, para tanto, foi-me preciso penetrar em espírito através de todos os corpos sobrepostos àquele corpo.

Que horrenda expiação!

— Sim — diz o guia — ela teve, porém, o valor de colocar-te a par dos provados, porque sofreste física e moralmente; humilhado, sentiste o aguilhão do abandono, do vilipêndio, mas a tua consciência gemeu, a tua alma despertou na carne e já agora, se lhe ouvires a voz, não te deixarás dominar pelas paixões ruins, antes procurarás vencer a ti mesmo.

Essa, a razão por que, quanto mais progride o Espírito, maiores se lhe deparam as dores e as decepções.

CAPÍTULO XIV

QUARTA ENCARNAÇÃO — A PEQUENA MENDIGA — SEUS PADECIMENTOS E DEFORMIDADES — SUA ESTADIA NO HOSPÍCIO — A MISÉRIA TEM ATRATIVOS — A MOÇA-VELHA — SUA MORTE — UM ENCONTRO NO ESPAÇO

Vamos, Ludovico — diz o guia — a essa grande cidade que vês lá em baixo, e da qual já estamos a ouvir surdos rumores. Foi ali que levaste aquela vida depravada, foi para ali que pediste para voltar e reparar, numa existência triste e miserável, os escândalos e desordens da precedente encarnação.

A tais palavras, Ludovico sentiu estranha comoção e entrou de proferir queixas amargas e mesmo dolorosas.

— Que fiz a Deus para tanto sofrer? Oh! compreendo agora, é a repetição cruel de uma existência infrutuosa. Definhando da própria infância, a minha memória não reteve, sequer, um dia de felicidade. Mendinguei com uma mulher que disso fazia profissão, em companhia de várias megeras, exploradoras de criancinhas sem dúvida roubadas à ternura de pobres mães. Torturas inauditas nos infligiam — a mim e a outras companheiras de infortúnio — a fim de melhor incitarmos a caridade pública; deformavam-nos os membros mediante grosseiros processos, com brutais aparelhos tendentes a desviá-los do seu desenvolvimento normal e, como se tanta desumanidade não bastara, dormíamos em espeluncas infectas, numa promiscuidade imunda, sobre montes de palha húmida, como vil rebanho, e mal alimentadas para melhor entretermos o necessário e impressionante definhamento.

Não passávamos, assim, de pobres crianças inexperientes da vida, sem defesa e sem amparo na sociedade. Meu coração, seja dito, não abrigava o mínimo sentimento de inveja para aqueles de quem recebia a esmola, antes os considerava gente privilegiada e doutra espécie.

Os flagícios como que me tornavam indiferente à vida e a toda emotividade íntima, apenas buscando algum repouso no meio de tantos padecimentos.

Assim vivi até a idade de doze anos, coberta de feridas, que a falta de cuidados e de limpeza tornavam repugnantes. Meu passo era difícil e vacilante, as espáduas, por salientes, encaixavam no pescoço e tolhiam os movimentos da cabeça.

Ah! pudessem reconhecer-me, nesse estado, aqueles que da mulher galante, da famigerada mundana fizeram um ídolo e garanto que grande, enorme, seria a estupefação!

Contudo, a minha triste sorte inspirou uma alma caridosa e, graças aos seus esforços, acabei por ser internada num orfanato. Jamais, a mulher que me conduzia diàriamente ao adro de uma igreja, para explorar a caridade dos transeuntes, foi ali reclamar-me.

E eu me considerei feliz com essa mudança, uma vez que ali, ao menos, estava ao abrigo das intempéries, era bem e regularmente alimentada e não me davam pancada.

Mas a minha natureza rude não queria conformar-se com as exigências da civilização; a ociosidade em que vivera tornava-me desagradável toda e qualquer ocupação, apenas a costura me desagradava um tanto menos, não tanto que me não maldissesse do seu aprendizado, tal a minha negação para o trabalho. Mais tarde, essa mesma vida regular e monótona foi-se tornando incompatível com o meu caráter; comecei a ter saudades da existência nômada da minha infância, na qual dava pasto à inércia, à malícia do meu Espírito.

Curada das feridas, restavam-me, no entanto, as deformidades. Feia, duma fealdade repulsiva, dotada de um gênio ingrato e vingativo, era natural me tornasse insuportável aos que conviviam comigo.

Anos passados, deixei aquele asilo, julgando-me livre e pensando poder angariar a vida sem muito trabalho. Isto era o essencial, e como ajuntara alguns centavos, adquiri um pequeno tabuleiro de bugigangas, que era antes um pretexto de mendicância do que um meio de fazer negócio.

Instalava-me, de ordinário, junto de uma igreja ou na embocadura de uma ponte, e, em chegando a noite, recolhia-me a qualquer canto concedido por compaixão.

Eis como vivi até os quarenta e oito anos, sem o bafejo de um carinho, sem o vislumbre de uma afeição.

Morri ao relento, à toa, e só pela exalação pútrida do meu corpo foi ele descoberto, para ter ainda uma vez as honras da vala comum, cinco dias depois do meu desprendimento.

Perturbado ficou o meu Espírito por muito tempo, como que adormecido em sonhos penosos, nos quais se desenrolavam todas as fases da minha existência terrena.

Nenhum dos meus sofrimentos foram suprimidos nesse novo estado, para melhor se me gravarem na memória.

Durou um ano essa perturbação, até que um dia fui docemente despertado por um Espírito, o qual me disse haver sido minha mãe na última encarnação e que consumira toda a sua existência em procurar-me por toda a parte, roubada que lhe fui de pequenina, sem que jamais lhe fôsse permitido achar a pista dos meus detentores.

Por fim, consumida a própria existência ao peso de tal desgosto, morta para o mundo, continuou no espaço a sua tarefa, buscando-me sempre. Essa alma abnegada não quis fruir a ventura compatível com o seu progresso espiritual sem procurar de novo, na Terra, o lugar que eu habitava. E foi ali que me lobrigou, quando, já exausta de forças, estendia a mão súplice aos transeuntes da via pública.

Fora ela que inspirara à pessoa caridosa o meu recolhimento ao asilo e que, daí por diante, me cercara de todo o carinho oculto e ainda agora me tocava com a sua ternura, cônscia da necessidade que eu tinha de progredir.

— Meu filho — disse-me —, toda e qualquer existência se torna quase nula, sempre que não deixe de si mesma ações que edifiquem a quantos nela nos conheceram.

As tuas deformidades não te permitiam ter ambição, mas outra falta te acometeu — a preguiça. Aliás, não te era inata, mas fôste desencorajado e sobretudo mal dirigido, teu orgulho como que experimentou uma espécie de despeito.

Tens, portanto, agora, necessidade dessa atividade intelectual que nos torna industriosos, que nos faz encontrar os meios de caminhar rápido na senda do bem.

Gozarás da paz dalma, do conforto nas provas

e terás forças para vencê-las; teu coração vibrará aos primeiros acordes do amor de Deus e do próximo, gozarás da felicidade que souberes derramar em torno de ti.

— Acompanhei essa dedicada mãe no meio de uma grande quantidade de Espíritos, que tinham por missão instruir os ignorantes e desgraçados, e foi aí que meus olhos se abriram à luz.

Contudo, quanto mais iniciado nos segredos da vida espiritual, maior o pesar que assoberba o Espírito por ter de regressar à Terra, onde tão prontamente se esquece da linha de conduta que no espaço se traçou.

Um dia minha mãe arrancou-me dessa vida de delícias e disse-me:

— "Volta à Terra... Eu serei ali o teu guia; despertarei os nobres sentimentos que ora te animam. Fortalece-te bem contra as armadilhas que te hão-de assaltar na jornada. Pois que já conheces Deus e o amas, seja Ele a tua força, a tua esperança."

— Meu filho — exclamou a senhora Marcel —, que luzes me trazes desse mundo desconhecido, no qual todos representamos um papel tão decisivo para o nosso futuro!

Não mais pode faltar coragem a quantos conhecem essas grandes verdades; as provações que sofremos foram por nós escolhidas, nossos queixumes devem cessar diante dessa justiça suprema, que nos toca na direção mesma da nossa consciência.

CAPÍTULO XV

QUINTA EXISTÊNCIA — O JOVEM SACERDOTE — SUAS LUTAS ÍNTIMAS — SUA MORTE — REGRESSO AO MUNDO DOS ESPÍRITOS

Eis-te padre, diz o guia. Tua alma entusiasta acreditou que encontraria nessa vocação a felicidade completa; nem tropeços nem ciladas, ao teu ver, sulcariam a rota entrevista, com tão sábias precauções...

— Dize-me: quais os frutos dessa nova encarnação? Não temas ler o livro do passado, que essa leitura alenta para o futuro. Se ainda uma vez faliste, motivo te não seja, isso, de desânimo. Acaso não somos melhores no mundo dos Espíritos do que encarnados? E' por isso que entre os mortais há tantos anjos decaídos.

— Ai de mim! Que te direi, meu guia? Ainda para essa encarnação muito me fiara nas minhas forças, quando a verdade é que não possuía asas bastante potentes para voar acima das misérias do mundo. Pela primeira vez senti palpitar em mim o amor do bem e desse sentimento derivou um outro — a necessidade de amar, mas de amar com pureza, pois que outrora o que eu conhecia eram paixões depravadas, que não amor.

E — porque não dizer? — senti novamente todos os pruridos ardentes da concupiscência, tanto mais persistentes, quando se não tem a esperança de satisfazê-los; escutei, despedaçado o coração das mais cruéis torturas, as confidências próprias do meu ministério; ouvi essas mil vozes de jovens que se me lançavam aos pés no intuito de obter o perdão de seus pecados.

Quais demônios pudicos, elas ostentavam a meus olhos todos os encantos da sedução, e, como anjos de pureza, ignoravam que o padre não passava de um homem e fustigavam, e trespassavam minha alma de dardos envenenados.

— "Temos, diziam-me, pensamentos estranhos; em nós como que se despertam desejos novos; as carícias maternas já não nos bastam; a prece nos morre à flor dos lábios e o sono nos propina sonhos deleitosos; tudo se nos apresenta sob um prisma sedutor; e a palavra **amor** timbra docemente ao nosso ouvido... Sim, amamos e sentimos necessidade de ser amadas."

E essas raparigas se retiravam absolvidas, mas levando consigo as minhas energias, para voltarem mais tarde com os mesmos sonhos, com os mesmos desejos, a derramarem pelo meu coração novos espinhos e novas dores. Aniquilado eu evocava, então, as doces recordações das suas palavras, o timbre meigo das suas vozes, a ternura dos seus olhares, que, todos, me percutiam nalma. Tinha esse fraco, não procurava dele remir-me, e por tal negligência trocava os deveres do meu ministério. Assim, a visita a pobres e enfermos causava-me certa repugnância. Com relação aos primeiros, contentava-me em dar-lhes algum socorro material, sem jamais secundá-los com uma palavra de conforto; quanto aos segundos, esses, ante mim não se mostravam jamais resignados; nem lhes infundia desprendimento e calma, quando moribundos. Minha imaginação vagava, sempre, arrebatando-me o raciocínio; ouvia distraidamente quanto me diziam e respondia quase sempre lacônicamente, despreocupado da sensatez da resposta. A prédica me seduzia um tanto, eu nela abordava sempre os assuntos condizentes ao estado de minha alma, timbrando em descobrir os mais íntimos refolhos do coração humano; desvendando pensamentos e fraquezas de uns e de outros, buscava para eles uma felicidade borbulhante de imagens belas; minhas comparações e alegorias encantavam os ouvintes, eu vertia dessarte toda a amargura de meu coração; e com isso me sentia aliviado, pelo constrangimento a que me obrigava o meio em que vivia.

Minhas prédicas atraíam grande número de pessoas ávidas de confiarem-me sentimentos íntimos e pedirem-me conselhos, persuadidas de que o médico, que tão bem diagnosticava o mal, igualmente conhecia o remédio infalível à cura.

Ignoravam que eu também sofria desse mal, que aflige três quartas partes da Humanidade, e o qual só encontra relativo alívio na pesquisa de um ser ideal, que tão raramente corresponde ao

Agora, porém, vejo que esses sonhos da Terra se fizeram realidades no mundo espiritual. De fato, é neste que se começa a amar, é nele que as almas simpáticas se ligam pelos mais doces e ternos laços, por uma perfeita harmonia de sentimentos, que não como na Terra, por atrativos meramente sensuais.

Quando as almas que espiritualmente se fundem vão tomar um corpo para melhor se ampararem no curso dessa existência terrestre e comum, elas se juram sincera e mútua amizade, que lhes será a senha da reunião no momento azado, pois elas também não ignoram que a memória amortece sob as vestes da carne.

E assim se explica a melancolia que curva tão

belas frontes, que fana corações tão novos e encerra, numa discreta poesia, todos os sentimentos de uma egoística reserva; tornamo-nos estranhos a adversidades, exultamos com os que sonham e divagam além das relações materiais e esperamos, esperamos sempre...

Não se diga, porém, que o acaso concorra para esses encontros inesperados, nos quais uma atração indizível nos devenda a misteriosa criatura objeto dos nossos sonhos, esperada a cada momento por nós, instintivamente, sem que compreendamos a origem dessa inspiração, assaz profundamente gravada em nosso espírito. A verdade é que as circunstâncias se aliam nessa espécie de aproximações, o que não quer dizer que não possam, umas e outro, ser burlados pelo açodamento com que se encara a felicidade material através de cálculos egoístas.

Quantas provas e decepções não se evitariam com um pouco mais de fé e renúncia, isto é, não forçando o destino a transviar-se!

Pois foi o que fiz, por meu mal!

O estudo não deixava de agradar-me, por isso mesmo que desenvolvia as minhas faculdades, de acordo com as minhas concepções poéticas; impossível, porém, me fora praticar um trabalho manual, por idealista que era o meu espírito; e quando me apercebi das seduções inerentes ao meu ministério, era também tarde para renunciar.

Um dia, encontrei essa alma gêmea da minha... Também ela me veio pedir absolvição, mas, com voz trêmula, com o espírito perturbado, de uma feição especial que para logo me cativou.

Reconhecendo-se mùtuamente os corações, nossos primeiros olhares deviam ter valido por toda uma revelação! Tocando-me no rosto, o hálito dessa mulher foi para mim como o sopro da morte; e, no entanto, ela não me havia dito mais que uma palavra, num vocábulo tantas vezes ouvido e repetido — AMO! E ao dizê-la, ruborizada a face, duas lágrimas quentes lhe brilharam à flor dos olhos... Que mistério, Deus meu, envolve a pobre Humanidade!

Essa donzela que amei de súbito, sem me dar contas da origem de tal amor; esse anjo que me veio dizer — "amo!" era aquela própria mãe devotada, da minha última encarnação!

Ela, também ela, tomara um corpo e deveria ser minha esposa, para semear de flores o caminho da minha existência e ligar-se a mim mais diretamente, nessa segunda fase da vida em que as mães perdem grande parte de sua influência sobre os filhos.

Como é grande esse devotamento e digno ao mesmo tempo, da nossa veneração! E que admiração não causaria eu, revelando-o àqueles que desconhecem a natureza dos Espíritos!

Quando uma alma deixa a Terra, nela deixa, também, tudo o que é material, e esse Espírito moralmente rejuvenescido, não tem mais idade nem achaques. Vendo-o, ninguém sabe, então, se a morte se deu na velhice ou na infância. Essa mesma alma pode tomar, à vontade, um novo corpo, sem resquício de lembrança, sem traços do passado, outros, que não os de um amor desinteressado, gravado no seu perispírito.

Mães, esposas, são assim anjos invisíveis, que velam pelo gênero humano!

Devo dizê-lo: o amor que me inspirava essa mulher jovem era puro como o dela.

Que doces momentos passámos juntos, no trato das coisas celestes! E já não eram ideias pecaminosas que me assaltavam, palavras tentadoras através das grades do confessionário, mas um hino suave de confortantes harmonias para o meu coração abatido.

Com que sutileza procurava ela atenuar as minhas amarguras, quando eu maldizia os votos que me prendiam ao celibato!

Muitas vezes, inspirava-me pensamentos sublimes a respeito do nosso futuro espiritual, e as minhas preces eram, então, mais fervorosas, eu sentia-me melhor.

Dia a dia mais íntimos, de uma santa intimidade, deplorávamos os erros e fraquezas de quantos tinham por dever guiar as almas e cultivar-lhes a inteligência, sonhando um futuro bem longínquo ainda, com uma religião mais livre, despojada das faixas que lhe comprimem o materno seio: — "Os seus filhos sofrem — dizia —, têm fome e sede de verdade; desejam uma luz mais viva, reclamam com ardor uma noção mais completa do seu destino".

Mas esse conceito parecia-me restringir o círculo em torno do qual eu vagava; se as nossas palestras acalmavam meu coração, não deixavam também de exaltar o meu espírito, ao falarmos com entusiasmo desse mundo espiritual no qual esperávamos unir-nos para sempre. Ao mesmo tempo a minha condição, muralha que me separava dessa ventura, parecia-me intransponível, assaz longínqua para realizá-la; e a impossibilidade material de consegui-la me acabrunhava. Foi assim que a vida se me tornou um fardo e esse afeto, que eu procurava cultivar com usura, me acarretou muitas lutas íntimas, nas quais as antigas paixões buscavam reivindicar os seus direitos. Reconheci, então, que a felicidade, quando incompleta, se transforma em prova rude. Minha saúde não pôde sustentar por muito tempo essa luta, sem dela ressentir-me; e a enfermidade, privando-me da presença da doce amiguinha, concorria para mais agravar a situação. Por fim, a morte veio livrar-me dos cruéis sofrimentos. No mundo espiritual, porém, não logrei encontrar as venturas que sonhara, antes permanecia isolado e inativo. Na Terra ficara aquela a quem amara, por isso que ela, mais pura do que eu, não haveria de sustentar as lutas que me aniquilaram.

Posto que profundamente magoada com a minha partida, a sua coragem não esmoreceu um instante, e das próprias tristezas fêz incentivo à caridade, partilhando as dores do próximo, inteiramente devotada à prática do bem.

E as preces que da Terra dirigia a Deus por mim, eram a minha única satisfação, enquanto por meu turno a entrevia na Terra sempre diligente, constituindo uma família, sim, mas de pobres e de enfermos.

Quando ela fitava o céu, eu lia nos seus olhos a mais perfeita resignação, enquanto que eu continuava, como Espírito, a aguardar com impaciência a realização dos nossos sonhos.

Dolorosa expectativa, essa, que só terminou quando esse anjo deixou o seu invólucro carnal para fruir os gozos que a sua bela conduta lhe granjeara.

E a sua presença no espaço foi como que a minha liberdade! Louco de alegria, uni-me a ela ìntimamente e todo o meu desejo era abandonar de pronto os lugares nos quais perambulara à sua espera; mas fui por ela detido... "Aqui, disse, volto a ser tua mãe, pois que na Terra não pude ser tua esposa. Sofreste bastante, filho, mas enche-te agora de coragem e aguarda, junto a mim, que o teu Espírito se fortaleça, até que possamos baixar novamente à Terra.

"Os teus últimos sofrimentos em nada aproveitaram ao teu progresso, porque muito confiaste nas tuas forças abraçando a vida religiosa, e o teu Espírito languesceu ouvindo a narrativa das fraquezas alheias, quando te comprometeras a combatê-las, reanimando as vítimas que encontrasses no teu caminho.

"Essa, de fato, é a última prova que um Espírito tem o direito de pedir e deveria, como tal, escolher, considerando a necessidade de pregar pelo exemplo, tanto quanto pela palavra.

"Ela pressupõe o predomínio de todas as virtudes sobre as más paixões — a coragem e abnegação máximas.

"A coragem! vê a admiração que causa, na Terra, o gesto espontâneo de um homem que expõe a vida para salvar a de um desconhecido!

"Quanto mais digno de elogios não será aquele que, através duma longa existência, oferece à sociedade o sacrifício da sua vida, não sòmente, mas tudo que essa vida possa conter de generoso, em detrimento da sua tranquilidade pessoal, afrontando as injúrias, as calúnias, e fazendo o benefício sem visar a moeda legítima do "reconhecimento", chegando assim ao termo da jornada na plena consciência de haver atingido o grau supremo, aquele que indica que o Espírito dominou inteiramente a carne!"

— Identifiquei-me com esse guia, pelo qual já não nutria outro sentimento que não um profundo amor filial. Muitos anos tive de passar, ainda, na companhia de Espíritos encarregados do preparo das almas fracas para enfrentarem novas lutas, até que finalmente me vejo, agora, no termo dessa penosa peregrinação, transformado em Ludovico Marcel.

E ela, o anjo meigo, cumpriu a sua palavra... Era Maria: — a minha esposa...

Os acontecimentos que nos aproximaram não foram entravados, nosso plano realizou-se sem esforço, em que pese às cruéis provações por que passamos. A ligação dos nossos Espíritos era tão forte que a coragem e a vida me abandonaram, à proporção que se avizinhava o momento de nos separarmos.

E agora, oh! mãe, tudo sabes!...

Sinto-me fatigado; as emoções que experimentei, através das revelações que acabo de expor, fazem-me supor e temer que não esteja tudo acabado, que eu tenha ainda outras encarnações a provar, bem mais penosas, talvez, mas que me fortalecerão a vontade e me colocarão sobranceiro às misérias desse mundo.

Sim — diz o guia — tomarás novamente um corpo; não mais, porém, terás guias devotados que te assistam visìvelmente; auxiliado enquanto fraco, é preciso que por tua vez ampares por ti mesmo outras fraquezas, aceitando, no seio de tua família, Espíritos cujo progresso se deve fazer sob a tua direção.

As almas que atingiram esse grau, devem sacrificar todas as alegrias legítimas para ajudar a vencer pelo conselho, pela doçura, os maus pendores de um pai, de uma mãe, de uma esposa ou de um filho; elas experimentarão, comumente, a tristeza e raramente, também, conseguirão realizar todo o bem que desejariam proporcionar àqueles a quem amam, apesar dos seus vícios e ingratidões...

Sobretudo, nessa escola de combate, de contrastes, é que o Espírito se avigora e progride sempre. Sempre que os encarnados sacrificam a própria felicidade em proveito de Espíritos atrasados, há amigos invisíveis que os sustentam, derramando sobre eles essa atração sobrenatural e benéfica, que origina tantos sentimentos nas almas simpáticas.

CAPÍTULO XVI

O TEMPO E A ETERNIDADE — ALEGORIA

A senhora Marcel ouvira com a maior atenção o histórico de tantas lutas para obter tão lentamente um relativo progresso terreno; parecera-lhe, outrossim, que essa tarefa favorecia a manutenção das boas resoluções; via, quanto mais fácil era o ser bom no mundo espiritual, onde reinam a verdade e a verdadeira luz, do que neste planeta onde caminhamos de contínuo por entre espessas trevas, esbarrando a cada passo em dificuldades materiais que o mal semeia em nossa rota.

E contemplava o corpo do filho em calmo repouso, imaginando que, sem embargo desse repouso, o seu Espírito vinha de rever, no passado, tantos séculos de sofrimentos.

Quantos corpos sucumbiram a essas tais provas quando elas realmente se desdobraram na Terra! E de o pensar, os olhares dessa pobre mãe buscaram a pequena Leonina, a linda netinha ainda alheia a todas as misérias da vida...

Quem teria sido ela? Quem viria a ser? De certo, já teria sofrido, também; mas o verdor dos anos lhe terá trazido o esquecimento...

Depois do histórico das suas encarnações, Ludovico permaneceu três dias mergulhado em profundo sono, sono que lhe fora necessário para reatar as suas palestras numa outra ordem de ideias. E' possível, também, que a fadiga moral da senhora Marcel lhe houvesse enfraquecido a vontade, a ponto de não poder ajudar o filho, sustentando-lhe a palavra.

Contudo, ao quarto dia, à hora habitual, ei-lo que diz:

— Feliz que sou, neste momento, ó minha mãe! Pois que existem, aqui, belos oásis, neles me refocilo com delicia, molemente estirado num leito fluídico, engalanado de flores como não as há na Terra! Guardo comigo ainda a emoção duma cena encantadora, na qual fui simultâneamente espectador e ator. Trata-se de uma conversação alegórica, que os Espíritos preferem a qualquer outra, porque impressiona deliciosamente.

Minha atenção começou por despertar a vista de uma mulher de alto porte, vestida de branco e adornada de estrelas tão brilhantes como o mais puro brilhante, cingindo à fronte um diadema de ouro, ou, antes, uma serpente de ouro, cuja guela prendia a respectiva cauda justamente na altura do frontal.

Trazia na mão direita um copo vazio, do qual se abeiravam, zumbindo, belos insetos de asas brancas, que buscavam desalterar-se em vão. Na esquerda, uma planta meio fanada.

Depois, a mulher dirigiu-se lentamente para um rio de águas límpidas e abundantes; encheu o copo e voltou, seguida sempre do alado bando, estacionando a alguns passos de mim. Ali, cavou o solo fluídico, que se fendia e moldava ao mínimo esforço dos seus dedos, e nele plantou o rebento emurchecido, derramando-lhe nas raízes um pouco da água do copo. Isto feito, eis que se dirige a mim e sua voz potente produziu um turbilhão de sons harmoniosos:

— "Vem", disse, "e repara". Depois, mostrando-me o rio: — "Esse elemento que parece arrastar no seu curso acelerado tudo o que se encontra em sua margem, sem jamais terminar esse curso, percorre um rumo determinado, sem nunca voltar atrás; e no entanto deixa, na sua passagem, por todo esse curso, a frescura e, com ela, a prosperidade".

Em seguida, sem dizer mais palavra, conduziu-me para junto do arbusto recém-plantado, e qual não foi minha surpresa ao ver que ele estava florido, os galhos pendidos graciosamente para o solo, infiltrando neste novas raízes!

Os insetos desalteravam-se no copo e sorviam com avidez o nectar das flores.

— "Não compreendes esta imagem simbólica? — disse por fim.

"O rio é o **Tempo**. Tal como o rio, o tempo não pára, corre célere e jamais retrocede.

"Milhões de séculos há que o vejo prosseguir no seu curso..."

Fitei a interlocutora, espantado. Ela como que adivinhou meu pensamento e replicou num doce sorriso:

— "Sou a **Eternidade**.

E eu me inclinei logo diante de tão antiga majestade.

— "Levanta-te, criança da Terra, pois temos a mesma idade.

"Estes alados insetos representam os mortais, viste-os a perseguirem-me, sequiosos, até às margens da corrente, na qual, contudo, defeso lhes era desalterarem-se, sob pena de serem por ela arrastados. E' preciso aproveitar o tempo racionalmente, ou por outra, os espíritos fracos devem ser sustentados e bem governados.

"Esta árvore por mim plantada é a árvore da vida; simples rebento em começo, os ramos lhe crescem rápidos e tomam novas raízes, as quais por sua vez se desdobram em novos ramos, bracejando por todo o solo. E assim deverão abrigar e nutrir as gerações inteiras."

Satisfeito com tal explicação, olhava eu essa mulher cujos cabelos lhe cobriam o seio e as espáduas; no rosto, nenhum traço de velhice, nem uma ruga, e o olhar calmo e penetrante!

Após, fitei a cadeia de ouro que lhe prendia os longos cabelos brancos, e que em me parecerem também um símbolo que eu não podia, de pronto, decifrar.

— "Esta coroa representa o mal, que se aniquilará por si mesmo; mas esse tempo ainda vem longe, importando para tanto que a pureza — e ela designa as vestes — e todas as virtudes brilhem como estes diamantes, ao sol da justiça."

E dizendo-o, deixou-me para ir com mão potente dirigir o **Tempo**, que domina os destinos, enquanto ela — a **Eternidade**, mãe de todas as épocas, as renova sem cessar e **sempre**...

(Ludovico pronunciou este **sempre** numa entonação tão profunda, que traduziu o infinito destoutra: — **Eterno**).

CAPÍTULO XVII

OS ESCRITORES NO MUNDO DOS ESPÍRITOS

Pois que eles me reconfortam tão suavemente das próprias fadigas, eis que me encontro ainda sob a doce emoção desses quadros alegóricos!

Assim, possam eles também, minha mãe, alegrar-te o coração com a mesma intensidade com que me despertam as impressões mais ternas.

Via-me sempre naquele sítio encantador, deitado sobre um leito fluídico, balouçando-me indolente ao sopro de ligeira brisa, quando me senti resvalar insensìvelmente para uma colina repleta de Espíritos entregues a uma tarefa singular. E de tal modo estavam absortos, que a minha presença como lhes passou despercebida.

Assim, pude aproximar-me de um grupo de Espíritos que examinavam com habilíssima destreza uma quantidade de pergaminhos. Curiosa a rapidez com que tomavam as suas anotações, só comparável à rapidez da própria leitura, depois do que, impeliam a papelada pelo declive da colina. Em baixo, ao sopé, outro grupo de Espíritos recebia a remessa e presto, também, amarfanhava entre as mãos a papelada, no evidente intuito de incendiá-la. E de fato, além, a fogueira emitia um clarão esmaecido, pálido, mortiço.

Depois, mal se carbonizara a última tira, desencadeou-se forte ventania, que levantou, espalhando-o em todas as direções, aquele montão de cinzas!

Mas, acalmada a tempestade, para logo notei que toda aquela cinza, ao cair no solo, produzira uma como sementeira, que brotava e crescia a olhos vistos.

Entretanto, os rebentos não eram iguais; pequenos uns, enormes outros, alguns até com as proporções de carvalhos seculares. Estes, bracejando os ramos pelas estradas e cobrindo-os de fagueiras sombras, cada viandante lhes provava os frutos, que, por sinal, não minguavam nunca. Os outros, rastejantes, mirrados braços pendidos ao solo, trançavam à flor dele as suas raízes, dificultavam a marcha dos caminheiros, não raro lhes acarretando graves queimaduras e contusões.

Plantas outras havia, que projetavam soberbamente as suas hastes, apendoadas de raras flores molemente dobradas em forma de sino, flores estas de um matiz suave, que eu não pude qualificar. Contudo, não deixei de notar que todo inseto que lhe sugasse o nectar tombava de súbito, fulminado.

Regressei para junto dos Espíritos, de novo preocupados com a combustão de uma nova fogueira e, curioso, não trepidei em lhes despertar a atenção para a minha presença, interrogando-os sobre quanto observara.

— Acabas de presenciar — disseram-me — a imortalidade do pensamento: trata-se das obras todas, de quantos autores produziram na Terra... São eles próprios que selecionam o que lhes pertence e, para julgar do seu valor, o submetem à prova do fogo, isto é, do fogo que impressionou as inteligências, por sua vez aquecidas nessa fornalha.

O vento dissipador das cinzas é a Fama, que

as transporta ao abrigo de suas asas e as faz proliferar ao infinito. De resto, terás compreendido a significação de tudo isso.

As grandes árvores, cujos frutos não diminuem por mais que os colham, representam as obras úteis e práticas, que criteriosamente influenciam os que delas e nelas se nutrem. Havias igualmente de notar esses arbustos enfezados e rasteiros, símbolos das obras mais comuns, dessas que embaraçam a marcha das sociedades e retêm o Espírito no baixo nívẽl da degradação moral.

As outras, as de flores ternas, à guisa de sinos, destilam o mais sutil veneno, sem embargo da modesta aparência de que se revestem pela sua cor, e da previdência que pretendem inculcar na forma das ditas flores, como premissas de asilo e proteção.

São estas as obras da hipocrisia, as mais perigosas, porque esterilizam o coração pelo ódio que inspiram e ainda porque, como as flores emblemáticas, comprimem as inteligências, interceptam a luz espiritual e asfixiam a liberdade do pensamento.

Nelas — tais como esstes insetos que encontram a morte onde pensavam haurir a vida —, as inteligências vão dessedentar-se como às taças venenosas, perdendo também a vida intelectual.

Os autores habitam nesta colina, do alto da qual podem apreender o vasto cenário do mundo em seus detalhes mínimos. Depois, eles nos confiam os frutos do seu labor e da sua inspiração.

— Compreendi que me dirigira aos porta-vozes da Fama, isto é, aos editores e aos livreiros e perguntei-lhes, ainda, a razão de continuarem uns tantos Espíritos naquela tarefa ativíssima, enquanto outros muitos se afastavam numa única direção.

Responderam-me que os primeiros continuavam a ler e corrigir as suas obras, até que, submetidas à prova, de todo ficassem completamente expurgadas dos erros e imperfeições que as inquinavam.

Daí, sem saber como, vi-me transportado a uma região resplendente de luz, na qual se desfrutava um panorama indizível. Viam-se Espíritos elevados, todos eles sobraçando um livro de ouro, que consultavam, cada qual por sua vez, numa leitura a bem dizer angelical.

E experimentei então, dentro em meu espírito, as mais santas aspirações.

Vi, em seguida, que esses nobres lapidários do pensamento dirigiam raios luminosos sobre aquela mesma colina, onde os autores permaneciam na mais afanosa das lutas com as próprias obras obscuras e profanas...

CAPÍTULO XVIII

ISAAC E ISMAEL — ALEGORIA

Considerando o tempo que ela consome para encobrir-se de flores, a Terra é bem árida, em confronto com estas criações múltiplas, com estas transformações instantâneas, que encantam e deslumbram! Tudo é surpresa em torno de mim!

Acabo de ver uma dessas regiões encantadas, onde todas as harmonias, como por um capricho, parece haverem-se concentrado.

Encontrava-me ao cimo de alta montanha, qual gigantesco observatório que abrisse para todos os mundos! No horizonte infinito, vogavam esferas inúmeras, realizando as suas trajetórias rítmicas, perfeitas, dentro dessoutra esfera que, por suas emanações espirituais, se destaca nìtidamente dos fluidos terrenos!

Vi, portanto, essas graciosas ilhas flutuantes conduzindo, em seu percurso aéreo, grupos de Espíritos de outras esferas, portadores prováveis de quaisquer mensagens.

Deslumbrado por tantas maravilhas, parecia-me ouvir, em meio desse misterioso silêncio, as pulsações da vida universal. Aí está — dizia para mim — como Deus meditou a Criação!

As mais raras plantas casam as suas cambiantes delicadas no seio de um solo movediço e assaz semelhante a essas nuvens vaporosas que cobrem as montanhas, quando o Sol aspira o rocio húmido da manhã.

De tais cogitações fui despertado por vozes que se aproximavam gradualmente. Graças, graças, pois que não estava isolado! E que encanto para os meus olhos a chegada de dois adolescentes de tão grande beleza, a caminharem juntos, graciosamente enlaçados, à cabeça uma coifa de gaze transparente, desprendendo as pontas em véu flutuante ao sopro da brisa embalsamada!

Assim se abeiravam da montanha, que parecia estremecer ao contacto dos primeiros passos que por ventura lhe roçavam o solo. Foi com verdadeiro interesse que procurei ouvir o diálogo desses dois Espíritos:

— Isaac, quem nos conduziu a estes sítios? Acaso quererá o Senhor ainda um holocausto?

— Não, meu irmão, não temo mais, como na Terra, o cutelo e a fogueira; nem busco, tão-pouco, por lá, o olhar do cordeiro que deve ser sacrificado em meu lugar. Aqui é tudo amor! Ismael, ao longe, fita esse ponto obscuro que vale pela noite no meio deste oceano de luz. Sim, lá está a Terra, na qual vivemos e onde chefiámos tribos, que andam errantes, depois de terem sido escravizadas.

— Repara, Isaac, aquele monstro de flancos esbraseados, que parte da Terra, fendendo o espaço, como a encaminhar-se para aqui...

Vê como os seus olhos, avermelhados, nos fixam com persistência e do seu crânio aberto se evola negro fumo, que tolda o horizonte...

Do peito arfante escapa-se-lhe um rugido semelhante ao do mar em fúria, e das suas espáduas de bronze como que se elevam seis braços formidáveis. Ao dorso, homens negros que entretêm um fogo constante... Que nos quererá um tal monstro? Representará um flagelo? Porventura a Terra estará amaldiçoada?

— Ismael, vês também na mesma direção aqueles mil fios de ferro que cintam a Terra como grades de uma prisão? Pobre globo reduzido, mais que nunca, às cadeias do cativeiro! Repara, ainda, aquela bola enorme que lá se eleva no espaço, conduzindo no bojo seres mortais. Será assim que a morte conduz os homens que lhe pagam o tributo?

Meu Deus, como tudo isso é estranho!

E, no entanto, todas essas coisas que surpreendiam os dois irmãos, chegavam em composições fluídicas. Depois, um Espírito superior se destacou da Terra, trazendo na fronte a estrela do gênio; em uma das mãos, o compasso e o triângulo; na outra, uma flâmula.

E dirigindo-se aos dois Espíritos lhes falou, assim:

— Não vos admire, apóstolos da antiga lei, que o fogo da indústria tenha substituído o dos sacrifícios; que as cadeias da escravidão cedessem lugar à confraternidade dos povos. Vêdes a Terra bem de longe. Mui depressa não haverá nela mais escravos. Aqueles fios de aço, que se cruzam em todas as direções, são os condutos do pensamento humano; e o monstro que vos espanta é a locomotiva, o vapor, que vai com as suas entranhas de fogo visitar todas as nações e convidá-las ao fraternal banquete do amor e da concórdia.

Mais tarde, esse globo atingirá o apogeu da perfeição; e se por agora ele se conserva limitado em seu curso, é porque os homens não são ainda suficientemente sábios para operarem com plena liberdade. Até lá, faz-se mister que desapareçam as fronteiras, que as guerras se extingam. Então, desaparecidos ódios e barreiras, uma nova era se abrirá para os mortais que conhecestes ignorantes e egoístas.

— Dito isto, enquanto o Espírito se afastava, retomando a direção da Terra, ouvi como as notas graves de um órgão entoando um hino à solidariedade dos povos; e das caldeiras que vomitam fumo, como que se evolavam agora perfumes e rosas, flores e aromas, que eram outro holocausto à grandeza do Criador. Depois, tomei também eu lugar na barquinha do globo aéreo, que conduzia os dois adolescentes e, rumo à Terra, impelidos pelo vento, ouvimos silvar, nos fios elétricos que a cruzavam, estas palavras: — "Amor e liberdade".

Isaac, num gesto de entusiasmo, abraçou o seu irmão e bradou-lhe: — "Ismael, Ismael, tu renascerás não mais da escrava, mas da mulher livre!"

CAPÍTULO XIX

UMA GRANDE REVISTA

Agora percebo, minha mãe, que me transportam a um planeta inferior, e isto pela tristeza que de mim se apodera e pela densidade da atmosfera que me envolve. As falanges de Espíritos que lobrigo, estão, certamente, em punição; contemplo uma dessas expiações coletivas, mais dolorosas que as individuais — visto como nestas o sofrimento se opera em silêncio, nos refolhos da consciência, e o arrependimento tem menos óbices a remontar para penetrar no coração; e naquelas o aguilhão do ódio tem constantemente a estimulá-lo a visão dos seres prejudicados.

Foi com profundo recolhimento que assisti ao seguinte quadro:

Em vasta planície, perfilados em linha de batalha, estavam os soldados da Terra, que, após o trespasse, vieram agregar-se aos seus regimentos no mundo dos Espíritos. E havia-os de todas as nacionalidades e graduações, armados todos como se tivessem de entrar em combate. Conhecia-se-lhes a origem pelas bandeiras isoladas entre duas alas. Um chefe os passava a todos em revista. Os soberanos de todos os séculos reconheceram, em seguida, os regimentos que lhes serviram, e foi assim que tive ocasião de ver todos os monarcas, desde os faraós até os de nossa época. Nada mais curioso que esse aspecto teatral, esses bizarros costumes antigos, essas armas multiformes, esquisitas coroas e grotescas cabeleiras.

Por minha parte, eu não podia compreender qual a razão da minha presença naquela grande revista. Meu guia permanecia silencioso e eu não ousava interrogá-lo. O ensinamento, porém, não podia tardar, para meu proveito.

Minha mãe, quanto é necessário que a morte renove os homens, para que o tempo renove os costumes!

A confusão que se estabeleceu no ajuntamento foi de tal ordem, que eu fiquei escandalizado da falta de respeito dos soberanos entre si: cada qual pretendia ter conquistado maior glória, incendiado e arrasado maiores departamentos; uns, faziam valer as concepções do seu espírito inventivo para aperfeiçoar as armas; contavam outros o número de canhões e bandeiras tomadas ao inimigo, como outros tantos troféus de glória para as suas nações. Mas, o que me admirou muito, foi a indiferença dos soldados por tais disputas. De fato, eles não revelavam muito interesse por aquilo que os soberanos denominavam **a sua glória**, e o que mais lhes importava era evitar as penas disciplinares.

O Espírito que passava a revista, aproximando-se dos corpos de exército, licenciou-os a todos. Logo, como por encanto, as fileiras cindiram-se e estabeleceu-se incrível confusão.

Eu não podia mais reconhecer os homens das diferentes nações, pois que nada mais os distinguia e cada qual retomara o hábito condizente à sua primitiva condição. As armas transformaram-se em utensílios de trabalho, e munidos desse peso suave que leva à prosperidade, que não à morte, os soldados tomaram a direção dos campos, uns, a das oficinas, outros.

Os soberanos continuavam a discutir e, no ardor dos debates, não perceberam sequer a debandada geral dos seus soldados. Só depois que a honra deles entrou em jogo, precisando de sangue para lavá-la, é que volveram os olhos para o plano deserto. E foi quando o Espírito se aproximou deles e, para os conciliar, lhes deu, em vez de cetros, instrumentos de trabalho, dizendo-lhes: — "Ide nivelar os limites que vos separam e, quando puderdes juntos cavar o mesmo solo, então fareis prosperar com mais desinteresse, promovereis a abundância onde exercestes a tirania."

E reis e imperadores de todos os tempos lá se foram cabisbaixos e mudos ao conselho do anjo, o qual outro não era senão o intérprete das suas próprias consciências.

Que Deus abençoe o seu trabalho e que a paz se estabeleça para os homens de boa vontade.

CAPITULO XX

TODO O ASCENDENTE DEVE SER PURO — PUNIÇÃO DOS TRANSGRESSORES

Minha mãe, bem precisas se fazem as grandezas do infinito para conter as criações espirituais, como precisa se faz a eternidade para as compreendermos.

Nos mundos inferiores, vi sempre uma associação dos Espíritos que expiavam juntos as próprias faltas, a fim de juntos as repararem mais tarde. Agora, venho de uma região bem triste, que tinha por horizonte um céu pardacento e um mar de lodo. Nada, ali, que indicasse vida; nem asa que cortasse o espaço, nem pio de ave que quebrasse a monotonia dos desertos.

Meti-me por uma vereda encerrada entre duas altas encostas, e nas quais havia à esquerda e à direita cadeiras talhadas na própria pedra e ocupadas por Espíritos, dando-me a impressão de uma galeria histórica. Os corpos de tais Espíritos estavam imóveis como a própria pedra, apenas se dando todos, recìprocamente, as mãos. Toda a vida como se lhes concentrava nos olhos, que exprimiam expectante ansiedade, voltando-se maquinalmente para o lado da entrada. Uma circunstância, que me despertou logo a atenção, foi a variedade de tipo dos Espíritos que ocupavam aqueles lugares, indicando cada qual, pelo seu traje, as posições que tiveram na Terra.

Depois de longa e penosa marcha, cheguei ao extremo da jornada; mas, qual não foi minha decepção ao vê-la interceptada por um maciço igual aos que o ladeavam! Terminavam ali, portanto, as duas correntes de mãos, e as duas do extremo, isoladas, cada qual do seu lado, levantadas apontavam com o indicador uma inscrição insculpida na muralha, que dizia assim: "Todo o ascendente deve ser puro e exercido exclusivamente no plano do bem, pois aqueles que do seu ascendente abusarem serão reduzidos à impotência, a fim de não mais ludibriarem a confiança dos fracos."

Experimentei, então, todo o sofrimento moral daqueles pobres Espíritos reduzidos ao silêncio, isolados, por assim dizer, no meio de uma sociedade numerosa, imóveis, sem forças de agir. Apenas a inteligência conservava a sua acuidade, as recordações afluindo-lhe à memória e desenhando com a maior exatidão o abuso do ascendente, fôsse pela eloquência, fôsse pela fortuna, fôsse pela autoridade. Com impaciência aguardavam a liberdade, já que a inação é tão cruel para os Espíritos ativos, sofrendo concomitantemente da abundância das ideias e da nulidade de esforços para desenvolvê-las.

O Espírito que me acompanhava era o mesmo que me conduzira à grande revista, parecendo-me um daqueles cuja missão é anunciar a libertação dos sofredores. Foi assim que ele se aproximou de cada um dos provados, e, pondo-lhes a mão à boca, restituiu-lhes a palavra. Então o que se deu para logo foi uma manifestação geral de arrependimento sincero, e um pedido geral de reparação.

Meu guia, que até então guardara o mais profundo silêncio, anunciou-lhes a próxima reencarnação e interpelou-os sobre o gênero de reparação que julgavam mais conveniente ao próprio progresso. As respostas pareciam ter sido prèviamente meditadas, pois cada qual expunha, sem hesitação, o gênero de provas que melhor correspondiam aos sentimentos que o arrependimento lhe sugeria.

Não foi, confesso, sem experimentar forte emoção, que ouvi todos aqueles Espíritos optarem por provações das mais terríveis que se possam facultar no plano material; mudos, desejavam encarnar aqueles a quem a eloquência da tribuna perdera, pelas desordens e revoluções provocadas, enquanto outros iam ao extremo de reclamar o cretinismo para si, isto é, o atrofiamento das faculdades mentais, por toda uma existência corporal!

Perguntei ao meu guia qual o mérito de um Espírito encarnado em tais condições, uma vez que, privado das faculdades intelectuais, e inconsciente, portanto, do seu estado, deveria ser **ipso facto** irresponsável pelos seus atos.

— "Tu não compreendes — disse ele — os mistérios do sono, nem os do Espírito que não encontra nos órgãos materiais o instrumento passivo das suas manifestações. O Espírito, neste caso, nada perde dos seus atributos, antes os retém na plenitude de sua força; apenas, não os pode manifestar, nem pela palavra nem por sinais outros quaisquer, inteligentes. O Espírito como que envolve o corpo exteriormente, sem poder nele penetrar, vendo-o como que refletido num espelho; testemunha quanto se passa em torno de si; compreende os pensamentos doutrem e estuda com proveito os segredos do coração humano. O corpo, ao qual se liga, inspira-lhe profunda piedade, e mais tarde ele pedirá uma reencarnação destinada a proteger os pobres seres que passaram pela sua prova, tornando-se assim um benfeitor da Humanidade.

Outros desejavam a miséria, a ignorância, enfermidades... Numa palavra: — ouvi reclamarem-

-se com insistência, e como favor, todas as misérias da vida humana. E compreendi também, sem esforço, que todas essas provas eram preferíveis à inação que padeciam aqueles pobres Espíritos.

Chegámos, finalmente, ao termo do caminho.

Os Espíritos que ali jaziam anquilosados, eram os mais culpados, porque haviam recebido luzes e as haviam extinto por amor dos próprios interesses.

Esses pediram todos, unânimemente, para terem os olhos fechados em uma nova encarnação.

Bem depressa, a cadeia de mãos se desfez e todos aqueles Espíritos se levantaram das cadeiras pétreas, desfilando pela estreita passagem e desembocando no vasto charco desolador, onde as suas pegadas ficavam profundamente assinaladas, como testemunho vivo da sua sujeição à prova...

A inscrição traçada sobre o muro desvaneceu-se e estoutra ali pude ler: "O arrependimento começa onde terminam os remorsos, assim como a reparação começa onde termina a prova."

CAPÍTULO XXI

GALÉS ESPIRITUAIS

Mergulhado na carne, o Espírito mal imagina os sentidos que lhe sobram fora dela! E, por isso, quantas sensações novas lhe assomam com a liberdade!

Nada mais profundo, também, do que o abismo do nada, quando da alma se aparta a esperança; nada mais horrível que as torturas morais, as perplexidades do Espírito culpado, pelo temor de ser descoberto.

Imaginai as apreensões do criminoso que se escondesse para evitar o cadafalso, e, ainda assim, não tereis do temor espiritual, no espaço, senão pálida ideia.

Tive ocasião de visitar uma destas galés espirituais, nas quais se reuniam os mais célebres facínoras que assolaram a Terra.

Colocados ainda sob os guantes constringentes do remorso, erravam a descoberto numa planície e procuravam escapar-se em todas as direções, sem que dado lhes fôsse encontrar o menor esconderijo.

Procurando esquivarem-se mùtuamente, todas as sombras que se esbatiam ao longe eram, para eles, como outros tantos emissários da justiça dos homens.

Raivosos, convulsos, praguejando blasfêmias, clamavam pelas suas florestas, pelas suas cavernas sombrias, nas quais pudessem eclipsar-se. Evocavam o nevoeiro, a noite, a tempestade!

A sua temeridade como que se aniquilava naquele caminho fácil, e os despojos da pilhagem faziam-lhes curvar, estalavam-lhes os dorsos de Hércules!

Em os vendo, grande era o meu sofrimento! Compreendo, minha mãe, o devotamente, a caridade dos bons Espíritos, que pelas suas condições não podem ficar insensíveis a nenhuma dor, havendo um como contágio, porque a substância do espírito é assaz percuciente para deixar de impressionar-se inteiramente, e o corpo só lhe impede a completa sensibilidade. Explica-se, assim, porque a indiferença e o egoísmo são males inerentes tão só e ùnicamente às sociedades humanas.

Indiferente só é aquele que não sofre; o egoísmo é o complemento da indiferença; abafa e trava todos os sentimentos, assim como sufoca quaisquer pensamentos em benefício doutrem.

Macera o coração e o enverniza depois, para torná-lo impermeável.

Vi, também, os indiferentes e os egoístas; e a mim mesmo perguntei se a sorte dos malfeitores, que há pouco descrevi, não é preferível ao isolamento destes; se a agitação desordenada dos primeiros não era para invejar, comparada à reclusão dos segundos.

Figura-te, mãe, uma espécie de túmulo de pedra cavado de encontro a imensas geleiras, e tão estreito que os reclusos ali jazem tolhidos, incapazes de qualquer movimento que os isente da temperatura glacial. Oh! se a alma encarnada sofresse a milésima parte dessas torturas, com que precipitação ela se desprenderia do corpo e o abandonaria no chão gelado! Mas não! o Espírito desincorporado não pode mais fugir, não pode morrer... Retém-no a consciência, subjuga-o, reclama dele a punição, primeiro, e a reparação depois.

Se os egoístas souberam adstringir-se à sua personalidade, então, ei-los que se encontram de novo segregados de toda a sociedade e abandonados à própria dor.

Aproximámo-nos, meu guia e eu, dalguns daqueles cubículos.

Nossa aparição foi para aqueles pobres Espíritos como um raio de esperança, e choraram lágrimas frias, lágrimas de gelo; mãos crispadas dilacerando o peito com violência.

Procurando penetrar o objeto de nossa visita, não podiam, contudo, falar, mas o guia em breve os acalmou, anunciando-lhes a liberdade. Foram todos conduzidos a essa grande escola espiritual, à qual também eu fora para me fortalecer.

Voltei depois ao plano em que erravam os malfeitores e meu guia os reuniu a todos, lançando este brado em todas as direções: — **Perdão! Liberdade!**

Todos acudiram à voz do anjo e depositaram a seus pés os tesouros roubados, clamando em coro: — "Oh! tu que nos outorgaste o perdão, devolve estes bens àqueles de quem os despojámos, para que a nossa consciência fique tranquila".

E para logo vi amontoarem-se perto de mim despojos de toda ordem, ouro, pedras preciosas, estofos caríssimos. Mas o anjo sorriu e disse: — "Essas riquezas só têm de material a aparência, e aqui apenas servem para espicaçar os vossos remorsos. A reparação há-de fazer-se no mesmo ambiente em que errastes. Acontecimentos preparados pelo destino vos levarão ao devotamento pelas vossas vítimas, e bom é vos lembreis que o pagamento deverá ser feito até o último ceitil."

E, daí, partiram eles para um mundo espiritual, no qual o trabalho se praticava sob todas as aparências materiais, a fim de se exercitarem para ganhar a vida honestamente, mais tarde, visto que, na sua maioria, tinham vivido de expedientes desleais e vergonhosos.

CAPÍTULO XXII

O BOM JARDINEIRO — ALEGORIA

Eis que o guia me conduziu, em seguida, para um gracioso prado recamado de flores apenas desabrochadas.

Cultivando-as cuidadoso, via-se ali um jardineiro, que tive o ensejo de ajudar na sua tarefa, regando aquelas flores com uma água que possuía todas as cambiantes do mais belo diamante. Esse líquido eu o colhia de uma fonte, brotada de um rochedo, mas — coisa curiosa! — só podia obtê-lo tocando a rocha com a varinha que o jardineiro me confiara.

E o mais interessante é que, cheia a vasilha, a fonte secava.

O aroma daquelas flores proporcionava-me uma sensação de tal modo agradável, que me abandonei inteiramente às delícias desse rincão encantado. Depositando no chão vara e vasilha, estendi-me ao comprido num leito de flores e saturei-me das voluptuosidades que me acariciavam.

O jardineiro continuava a cultivar as flores, a protegê-las contra a seca, a corrigir os galhos que ao solo pendiam, estaqueando-os... De quando em quando, lá se ia a tocar a rocha e um murmúrio brotava com a água que jorrava para o reservatório.

Os olhos foram-se-me insensìvelmente cerrando; perfumes suaves, brandos ruídos, exerciam em todo o meu ser um morno enervamento, contra o qual, inùtilmente, tentava reagir. Mas dentro em pouco todo eu experimentava uma espécie de balanço leve e cadenciado, como se estivesse em uma rede... Compreendi que descia... mas, para onde? Redobrava de esforços para despertar, para dominar o sono pérfido. Em vão!

Comecei a provar as sensações de um ambiente pesado; os perfumes como que se evaporavam gradualmente, já me não era dado ouvir mais o murmúrio da fonte nem os passos leves do jardineiro, antes tinha os ouvidos atordoados por longínquos rumores e sentia emoções semelhantes às que produz a eletricidade... De fato, não tardou o ribombo do trovão, e com ele o barulho da chuva aos bulcões, de um vendaval furioso que me chicoteava a fronte.

Abri os olhos, estava na Terra! Deitado, era-me o leito ainda de flores, mas, que flores! murchas e desfolhadas, flutuando à tona das barrentas águas que a tormenta despejara.

Lá estava o jardineiro ocupado a reparar os estragos da inundação, recolhendo as plantas que ainda tinham raízes, e as quais me apresentou, dizendo: — "Toma cuidado com estas plantas que salvei da tormenta, e lembra-te de que, neste rochedo, símbolo da fé, acha-se a fonte das consolações espirituais; a vara é o símbolo das provações terrenas, que fazem manar as águas benéficas, levando, como um eco, longínquos pensamentos e preces Àquele que possui a justiça e a misericórdia. Deus concorre com as almas para acrescentar as virtudes, tal como de concerto trabalha com o jardineiro para fazer desabrochar as flores. A tempestade figurada é a torrente das paixões humanas, que derranca e arrasa os bens adquiridos, sobre os quais pouco se vela. As plantas que, após a derrancada, reclamam pacientes cuidados para reflorir, equivalem às virtudes gravemente comprometidas pela negligência. Importa, pois, vivificá-las, cercando-as de novos zelos. Nada se adquire sem trabalho. Ajuda-te e o céu te ajudará."

CAPÍTULO XXIII

MAIS MUNDOS DE EXPIAÇÃO

Imensa, minha mãe, é a rota que percorro todos os dias, nesses mundos errantes formados pela reunião de pensamentos dos Espíritos, tais como os sítios de expiação criados pelos remorsos.

A estes acrescem, ainda, os retiros encantadores, nos quais os Espíritos continuam a aperfeiçoar a tarefa encetada na Terra e interrompida pela morte, tarefa que eles podem completar nesse estado, a fim de guardarem uma intuição mais profunda quando tiveram de, desencarnados, desenvolvê-la materialmente.

Regiões há, nas quais se reúnem os fanáticos da religião e da política. De ordinário, estes habitam pequenas esferas, muito próximas da Terra. Daí, acompanham com interesse tudo que se passa concernente à doutrina que ainda professam, e contribuem largamente para suscitar as paixões dos homens que pensam com eles.

Estes Espíritos circunscrevem-se ao seu círculo e não cogitam se é boa ou má a causa que professam e cujo triunfo visam, a despeito de tudo, sofrendo igualmente dos seus fracassos e tropeços.

Em núcleos tais, jamais vi Espíritos de ordem elevada. Ao contrário, o que neles ressaltava era uma expressão de ódio e de inveja, uma tenacidade cega que lhes não permitia qualquer desenvolvimento intelectivo. E assim é que chegam a temer a visita dos Espíritos superiores, que vão combater seus esforços, inspirando-lhes a prudência, a sabedoria, a justiça.

Perguntando ao meu guia porque não se anulava a sua poderosa influência — uma vez que ela contribuía para perturbar as consciências ou agitar as massas terrícolas, respondeu-me:

— "Não nos é dado dispor assim do livre arbítrio, mesmo para impedir as más ações. Aliás, estes Espíritos são sinceros e supõem estar com a verdade; agindo desse modo, pensam servir uma boa causa e recusam, obstinadamente, estudar as doutrinas que cegamente combatem. Entretanto, devo notar que as obras obscuras se desvanecem dia a dia, batidas pela luz dos ensinamentos que agora penetram por toda a parte. E' com essa poderosa alavanca que contamos para amortecer as paixões humanas, pois que a obra do bem deve realizar-se lentamente e sem abalos, por ser essa lentidão o melhor penhor da sua implantação."

Dito isto, dado me foi lançar um derradeiro olhar sobre esses Espíritos embevecidos na contemplação da Terra, e que dela tão perto se localizavam para melhormente se impregnarem da sua influência.

Depois, dirigimo-nos a outro lugar que tinha todas as aparências de região terrena.

Viam-se ali belas campinas, cidades, castelos, mas tudo parecia em desordem; a vegetação era murcha, os rios lodosos, o céu nublado. Espalhadas por longas estradas, como perdidas a esmo, verdadeiras preciosidades. Os homens e as mulheres, que, como Espíritos, se me deparavam, pareciam tristes, pobres, desanimados, e como que procuravam recolher aqueles tesouros, os quais, por sua vez, se fundiam ou evaporavam ao tato.

E era quando a decepção e a tristeza se lhes aumentavam, diante daquelas ilusões desfeitas.

Também me foi dado penetrar numa bela vivenda e para logo me certifiquei da desordem, que igualmente ali reinava.

Disse-me o guia, então: — "Estamos no mundo dos Espíritos que na Terra arruinaram as suas famílias ou as de outrem, por seus desregramentos ou por sua fraqueza de caráter. Estes, não são misturados com os malfeitores que visitámos, porque não possuem em si os germes da corrupção, que caracterizam aqueles; fracos e negligentes, no entanto, sofrem as mesmas angústias que materialmente padeciam, isto é: a miséria, o remorso de haverem feito a desgraça de outrem."

Mãe! a estas palavras o coração se me oprimiu involuntàriamente e eu procurava, entre tantos rostos desanimados, o de um Espírito que nós ambos estremecemos... Sim, porque eu temia encontrá-lo nesses lugares onde imperam a ruína e a desolação. Orava de todo o meu coração e parecia-me experimentar esse indefinível sentimento que na Terra nos invade tantas vezes, quando nos aproximamos da morada de um amigo ausente longos anos.

O guia leu-me no pensamento e adivinhou as lutas do meu espírito.

— "Vem, disse, que te conduzirei para junto do que foi teu pai..." De fato, caminhámos um pouco e lá chegámos. A primeira coisa que me despertou atenção, foi justamente ele, meu pai, sentado sob uma espécie de arvoredo, cuja folhagem reproduzia os quadros desoladores dos últimos dias do Outono.

Fazia um frio húmido e penetrante, e tudo que rodeava esse pai querido, reproduzia a tristeza dos seus pensamentos.

Só, ele fazia cálculos e mais cálculos, num livro assaz volumoso; mas, ao passo que as cifras se multiplicavam ao infinito, não lhe era dado atingir a um resultado claro e definido.

Mas, por Deus, minha mãe, não te perturbes assim... Sinto que tua mão trêmula abandona a minha, enquanto lágrimas quentes te rolam dos olhos. Ouve-me até ao fim e serás consolada.

Depois de o observarmos por alguns instantes, sem que ele nos percebesse, suspendeu o cálculo e mergulhou a cabeça entre as mãos.

— "Meu Deus! — clamou — há tanto que definho sob o peso das minhas culpas! Tem piedade de mim, atende ao meu arrependimento, ao desejo de reparar o mal que causei e manda-me um raio de esperança! Sinto-me isolado e fujo à sociedade, de medo que ela me desvie do meu arrependimento. Penso na mulher, no filho que desonrei, que empobreci, e também na pobre Maria cuja felicidade sequestrei por minha culposa fraqueza. Ah! se eu pudesse vê-los e a todos implorar perdão... Mas como, se a morte colocou entre nós uma barreira intransponível?... E, pois que a alma é imortal, ficarei sempre só com os meus remorsos."

Foi aí que lhe surgi pela frente, como resposta viva à sua súplica, e os nossos Espíritos se confundiram por um instante no sentimento de mútua felicidade. Entretanto, a sua alegria teve curta duração. — "Tu aqui, meu filho — disse; tu também, tão jovem, já deixaste a Terra?! Mas não podias, de certo, ter merecido o degredo num mundo tão triste!... Dar-se-á o caso de ser o filho responsável pelas faltas do pai, e que, após a morte, como na vida terrestre, arroste com a vergonha das faltas paternas? Pois se assim é, a dor que me lacera não terá limites; a justiça divina não deixará que nesta alma sofredora jamais penetre um raio de esperança!"

— Tranquiliza-te, meu pai, que Deus é justo e misericordioso. Não venho aqui expiar as faltas que cometeste, mas trazer-te, com èste anjo de caridade que me conduz, palavras de esperança e de perdão. Venho dizer-te que fizemos todo o possível, na Terra, para diminuir o fardo que te acabrunha. E espero que Maria, também ela, qual anjo da liberdade, não tardará em trazer-te o ósculo de paz. E' que, também ela deixou a Terra, depois de ser lá — por pouco tempo é verdade — a minha esposa idolatrada.. Não pude sobreviver à dor de perdê-la, e, num inaudito esforço de desânimo e de vontade, rompi os laços que à Terra me prendiam.

Lá deixei, contudo, minha mãe e a filhinha, a quem, aliás, posso falar dìàriamente, visto que meu corpo permanece junto delas, alimentado por uma vida fictícia.

Mas agora, meu pai, agora que tornei a encontrar-te, eu me esquecerei das minhas lutas e angústias! O que peço a Deus é que me consinta ficar a teu lado por todo o tempo das minhas provas, a fim de atenuar a tua dor. Hei-de consolar-te falando deste vasto universo espiritual, composto de tantos mundos quantos os criados pela imaginação dos Espíritos, além desses globos imensos, obras do Criador, planetas habitados, que gravitam progressivamente, tangidos pelos Espíritos superiores, a fim de se aproximarem sempre e cada vez mais, de Deus.

Esses mundos comportam, por sua vez, no respectivo centro, outras criações particulares, formadas por seres inteligentes e afortunados habitantes. Eles criam, com a substância vivificante dos seus globos, da mesma forma por que os mortais constroem cidades com a matéria terrestre. Sobre a Terra, o encarnado traça o plano que a mão executa, porque o Espírito não pode, por si mesmo, manipular a matéria grosseira, e preciso se lhe torna um segundo ser, elaborado com os elementos nos quais o Espírito é obrigado a viver; e é por isso, meu pai, que os Espíritos materializados formam, após a morte, com o pensamento, criações com todas as aparências terrestres, mas especìficamente sem valor, por isso que nem matéria nem carne podem existir aqui.

Em seguida, o anjo tomou-lhe o livro e dele apagou, pela só ação de sua vontade, todas as cifras que meu pai criara.

— "Tua dívida, acrescentou, já está paga pela metade com o devotamento daqueles a quem na Terra fizeste sofrer; quanto ao resto, Deus quer que o resgastes, mas ganho gradualmente com o suor do teu rosto."

A tais palavras, como por encanto, o ambiente transformou-se; a atmosfera tornou-se mais leve e tudo se revestiu de um novo fulgor, que traduzia alegria e vida.

Meu pai, cuja inteligência se obliterara na preocupação dos próprios padecimentos, reanimou-se, e os limites fluídicos do horizonte para logo recuaram. A lembrança do passado lhe perpassou então na mente, toda inteira... Momento, terrível, esse...

Depois, ei-lo atraído maquinalmente para a Terra, na qual pairou errante alguns instantes, como buscando orientar-se, até que seu olhar fixou o teto humilde que te abriga.

E' feliz agora, porque tornou a encontrar-te! O guia me fêz ver que eu não ficaria na solidão com meu pai, e que a partir desse momento ele me acompanharia nas minhas viagens pelo infinito, comigo se instruiria, até o dia da minha completa libertação.

Agora, portanto, seremos dois a visitar-te, mas não haverá senão uma boca para duas vozes e um só coração palpitando ao impulso de um duplo sentimento, de igual amor!

— "O' filho, quantas emoções agitam minha alma! Mas, de onde vem essa luz que me ilumina, à proporção que me revelas coisas incríveis e mesmo destituídas de senso, se ao senso próprio eu as confiasse? Minha vida, de hoje em diante, como que se espiritualiza, sinto que só vivo, quando me falas; habito em pensamento os sítios que me descreves, vejo que agora não me seria possível retornar inteiramente e exclusivamente à vida material de injustiças e decepções, mas que constituem as premissas de outra vida real, plena de esperanças e de felicidades. Não mais lastimo a minha sorte, corra o tempo sobre os meus dias, sobre os meus anos, sem que me dê conta do seu peso; remoço neste novo elemento que me dá vida, e nesta desolada região dos Landes, onde tanto hei sofrido, apenas vejo o que contemplas, apenas ouço da tua voz o doce sussurro. O Deus que ora conheço é grande, justo, misericordioso. Não mais o temo, antes o amo porque o compreendi em toda a extensão do seu amor. Sim, o Deus que consola ao que quer ser consolado, que perdoa ao que lhe pede perdão, que esclarece o que lhe suplica luzes, reanimando de uma vida nova ao que definha em tristezas sobre a Terra, cuja alma fecunda numa fonte viva. Sim, sim, experimento neste instante toda a grandeza da nossa imortalidade!"

Ludovico nada mais respondeu à sua mãe, já de todo empolgado pelo sono, reivindicando para si os direitos da vida comum dos mortais.

CAPITULO XXIV

UM FENÔMENO PSICOLÓGICO — O CONSCRITO E O CAPITÃO

ALEGORIA

Fenômeno curioso no dia seguinte, à hora da entrevista, fenômeno que muito inquietou a senhora Marcel.

Ludovico foi presa de uma tosse súbita, que o obrigou a violentos e inauditos esforços para não se asfixiar.

Por fim, uma voz rouca se fêz ouvir, voz que não era precisamente a de Ludovico, por mais profunda e como inadequada aos seus órgãos.

— "Sirvo-me — disse — dos órgãos do meu filho, para fazer-me de ti ouvido, querida esposa! E porque me sirvo com dificuldade, não poderei falar-te por muito tempo. Mas, não importa: quero apenas que saibas quanto me julgo ditoso em te rever e amar agora, sem partilha. Esquece, eu te suplico, o mal que te fiz, e pede para que meu Espírito se fortaleça, uma vez que faliu por fraqueza."

A voz extinguiu-se e a senhora Marcel por entre lágrimas orou por aquele a quem tanto amara.

O corpo de Ludovico retomou, pouco a pouco, a sua calma habitual e o seu Espírito começou a falar:

— Ficaste ternamente emocionada, mas não

surpresa, ouvindo a voz do esposo pela boca do filho: é que tu compreendes, por uma intuição admirável, todos os fenômenos psicológicos; penetraste fàcilmente esses mistérios dalma, que a ciência humana não pode definir... E' que, minha mãe, a fé e o amor são os fatores dessa iniciação no maravilhoso real, assim como a pureza de sentimentos facilita a sua compreensão.

Que diria um sábio materialista a quem lhe afirmasse que um mesmo corpo pode servir de instrumento a vários Espíritos para exprimir-lhes os pensamentos? A sua resposta seria sòmente um irônico sorriso; no entanto, o fato se verifica e é bem simples. Quando um corpo possui a vida animal, isto é, a vida do sangue e dos nervos, esse corpo pode existir qual este meu. Neste caso excepcional, como no sono e no êxtase, o Espírito não habita permanentemente o corpo e pode, com facilidade, ausentar-se sem que a vida se interrompa. Assim como a casa não se esboroa pela ausência do locatário, assim o Espírito pode deixar o corpo sem prejuízo deste, sempre que e quando os órgãos estejam dispostos para isso. Essa disposição é preparada pelo próprio Espírito, ao encarnar. E' o caso das almas que retornam à Terra com o sentimento inato de tristeza; almas que constroem, por assim dizer, habitações carnais, com portas e janelas abertas, a fim de melhor e mais fàcilmente escaparem à servidão dos laços materiais.

O Espírito pode, então, emancipar-se e retemperar-se dos seus momentos de desânimo, nas esferas da pátria espiritual, que deixou com tanto pesar.

Ouve, a propósito, uma alegoria que, para muitos mortais, será como um espelho a refletir uma página dos seus sentimentos:

Meu guia conduziu-me à pequena e encantadora aldeia engastada no cimo de alta montanha. Ar puro, costumes simples, corações humildes não travados de ambições, eis o que ali se encontrava.

No entanto, essa aldeia era governada por uma lei geral, que vinha muitas vezes acabrunhar de tristeza as famílias mais unidas.

Refiro-me à lei marcial, que obrigava os rapazes a abandonarem o lar e o torrão do seu berço, para irem bem longe, de arma ao ombro, guardar fronteiras, quando não para combaterem a invasão do inimigo.

A hora da partida soou também para um jovem estimado de toda a aldeia, e todos os conterrâneos se deram ao dever de acompanhá-lo até uma certa distância. No momento da separação, foram beijos, lágrimas, promessas e juras, e até se comentava, já, a sua volta. Finalmente, lá se foi ele, triste e só ao seu destino, enquanto os pais, os parentes e os amigos regressavam à aldeia, corações amargurados na previsão dos perigos que lhe podiam sobrevir. De longe, muitas vezes se voltavam a dizer-lhe o último adeus.

E quando a noite envolveu no caliginoso manto os últimos episódios dessa cena comovedora, ainda por longo tempo caminhava, saco às costas, o jovem conscrito, com o coração amargurado e o corpo exausto.

Por fim, chegou ao seu destino! Nem um rosto amigo, nem um coração generoso lá estava para recebê-lo. Todos se riam da sua tristeza, todos zombavam da sua timidez...

Deram-lhe a farda do seu regimento e armas; um oficial lhe disse: — "Aprende a combater, pois o inimigo nos espreita noite e dia."

O recruta derramava diàriamente copiosas lágrimas, sonhava com a sua aldeia natal e com cada qual dos entes queridos...

Lá não havia fronteiras a guardar, inimigos a vigiar, todos se estimavam e se auxiliavam mùtuamente... Pensava ainda, nas provas de amizade que lhe davam à partida; pensava, impaciente, na volta que parecia tão longe.

Em vão os nôvos camaradas procuravam distraí-lo com as suas diversões e pagodeiras. Aquelas diversões ruidosas, aquelas patuscadas muitas vezes desonestas, lhe repugnavam, de forma a preferir a solidão. Sempre que o serviço lhe dava algumas horas de folga, de liberdade, tomava o caminho pelo qual viera a largos passos, para se aproximar um tanto dos que além deixara.

Doce ilusão! Em breve, era forçado a retroceder ao toque de chamada, e o jovem militar recolhia-se ao quartel; mas, certo é também que nem sempre o fazia a tempo de livrar-se de punições, que sofria calado, sem se corrigir no entanto.

E' que o pobre rapaz fora empolgado pela nostalgia, essa enfermidade que tanto pode fazer de um fraco um temerário, como pode ocasionar-lhe a morte.

O seu capitão observava-o de longo tempo, desconfiado daqueles frequentes passeios e temia pela sua deserção, chegando mesmo a admoestá-lo, para que não infringisse a disciplina, sob pena de graves repressões. O pobre rapaz agradeceu tìmidamente e prometeu, mas de boca, que jamais tentaria evadir-se.

Um dia, viu-se bem distante do quartel e sobre a rota favorita. Era pela Primavera. A estrada orlava-se de flores, enquanto pelas ramadas os pássaros cantavam alegremente.

Ele marchava radiante, lépido, sem outra preocupação que a de tornar a ver o lar querido e os amigos.

O pensamento, mais ligeiro que o corpo, já lhe mostrava o campanário, a velha mãe lacrimejante, os amigos pressurosos em abraçá-lo... Súbito, um rumor longínquo o sacudiu no doce enlevo e fê-lo estacar. Era o som do clarim! Refletiu um minuto e, premendo a fronte entre as mãos, como para reter as ideias que se evolavam, disse: — "E' o toque de recolher... Que importa? Se volto, chegarei tarde ainda uma vez, serei severamente punido. Prefiro desertar e os conterrâneos saberão proteger-me das buscas que derem para capturar-me."

Mas bem depressa ouviu passos precipitados, distantes embora, e compreendeu que vinham no seu encalço.

— "Meu Deus — clamou — que será de mim? E pôs-se a correr sem olhar para trás, a correr, a correr, até que sentiu tocarem-lhe cordialmente a espádua... Virou-se e deparou de frente com o seu comandante!

— "Volta, disse este, apertando-lhe afetuosamente a mão; não abandones assim o serviço que a lei impõe, e isto se queres te seja contado o tempo já feito, pois, se desertares, terás de recomeçar com a sobrecarga dos castigos."

E o pobre fugitivo, todo envergonhado, seguiu o conselho do seu superior, voltou acabrunhado a tomar na fileira o lugar que ocupava.

E' bem esta, minha mãe, a história da alma obrigada a retomar um corpo de carne, depois de longa permanência no mundo dos Espíritos, onde vivia feliz e rodeada de amigos.

Encorajada e acompanhada pelos entes caros até os limites dessa colina, na qual provou da felicidade, ei-la que chega à Terra, desacompanhada, só com a bagagem da última existência, composta das virtudes adquiridas e dos vícios a corrigir.

Essa alma, por vezes, é recebida com indiferença no seio da família que escolheu e cujos sentimentos, inferiores aos seus, são outros tantos perigos que a expõem a novas faltas.

Contudo, a alma abnegada tem para ampará-la, aqui em baixo, a fé que lhe concede novas armas para combater o mal, e um anjo de guarda para adverti-la e preservá-la do perigo.

Também o Espírito pode ter a nostalgia do espaço pela intuição das delícias que aí fruiu; quando os órgãos lhe permitem alguns momentos de emancipação, faz como o soldado, tomando o rumo da terra natal. Depois, ele hesita sempre que os laços da matéria vibram dolorosamente, e bem que lhe importa ater-se a tal advertência providencial, porquanto, da sua teimosia, podem resultar dois fatos: ou a ruptura completa daqueles laços, isto é, a morte, ou, o que é pior desgraça — a obsessão.

Assim como a fortaleza abandonada por seus defensores facilita a invasão e a posse do inimigo, assim também, o corpo, abandonado pelo seu dono, se expõe a todos os perigos, se esse desertor não tiver um guia devotado que o preserve de quaisquer surpresas.

De fato, Espíritos malévolos podem apoderar-se desse corpo e avariar-lhe certos órgãos, a fim de promover manifestações estranhas, que a ciência da Terra denomina **loucura**.

Um susto, um desgosto violento, também podem ser portas abertas ao Espírito fraco, para uma deserção.

Querendo reparar semelhantes desordens, é mister que os mortais secundem os esforços dos Espíritos bons, com a sua boa vontade e benéficos eflúvios, forçando os invasores de um organismo a abandonarem-no.

Dado, porém, que a morte resulte do esforço violento do Espírito, no intuito de subtrair-se às provas terrenas, então a existência interrompida se torna nula e, tal como o desertor, o Espírito haverá de recomeçar as provas com acréscimo de provação.

— Oh! meu filho — disse a senhora Marcel — agora que Deus acolheu as minhas preces, arrancando do isolamento aquele que tanto amei, sinto, mais que nunca, necessidade de encaminhar meus pensamentos para o alvo no qual deveriam fundir-se todos os esforços humanos — o melhoramento dos Espíritos sofredores.

Isto seria ao mesmo tempo, para nós outros, um meio de progresso, uma vez que podemos atenuar as suas provas, reparando materialmente as suas faltas.

Ludovico, meu filho, prossegue a tua missão, instruindo teu pai nesses estudos tão interessantes do porvir das almas, estudos tão grandiosos e tão belos, nos quais se encontram a luz e a verdade. Quanto a mim, continuarei a orar,a pedir sempre, até ao fim desta vida; a morte já me não causará pavor, qual porta que se abre para esse mundo de esplendores, como apanágio das almas que muito amaram e muito sofreram!

CAPÍTULO XXV

DA MISSÃO DOS ESPÍRITOS NOS MUNDOS INFERIORES

Acompanhei uma falange de Espíritos que se dirigiam para uma reunião longínqua, falange emigrada para um planeta bem inferior ao que acabava de deixar.

Ao estacarem os Espíritos na atmosfera desse planeta, compreendi que experimentavam uma grande tristeza.

Tratava-se verdadeiramente de um planeta, porém, menos adiantado que a Terra. Os respectivos habitantes não tinham qualquer noção de trabalho e contentavam-se com viver de frutos e de caça, cobrindo-se de peles.

Feios, na extensão da palavra; o traço predominante da fisionomia era a ferocidade.

Aquele, dentre eles, que pudesse pela astúcia adquirir celebridade, era considerado o mais poderoso e todos lhe deviam submissão, o que não o inibia, antes o estimulava a abusar naturalmente dessa autoridade para exercer a tirania.

Mas bastava que mais tarde se levantasse outro e o suplantasse, para desenrolarem-se ameaças e represálias, que degeneravam na mais desenvolta barbaria.

As mulheres, essas, eram consideradas como seres inferiores e muitas vezes permutadas com objetos ou produtos de caça. As crianças tinham mais ou menos a mesma sorte das mães, exceto as do sexo masculino, quando já na idade de começarem a caçar — mister de tanta monta para a sua própria subsistência.

Com as peles faziam camas e tendas que os abrigassem das intempéries.

A atmosfera, pesada e húmida, mal refletia a luz de astros continuamente velados por um fluido compacto e malsão; daí, a raridade de plantas. Árvores enormes se retorciam em todas as direções, como deformadas pelas tempestades, medrando num solo áspero e mais espesso que a terra, revestido de uma lama cor de sangue. Aqueles Espíritos missionários que eu seguira, em companhia de meu guia e de meu pai, procuravam manifestar-se a esses povos quase selvagens, conquanto dificílimo lhes fôsse fazê-lo pela inspiração, dada a incapacidade dos seus órgãos para tal efeito. Quanto às manifestações físicas, não havia entre aquela gente bastante percepção instintiva que os levasse a investigar as causas dos fenômenos produzidos.

Os Espíritos trocavam ideias no sentido de bem poderem desempenhar a sua missão junto daqueles mortais.

Pela encarnação? Não chegariam a obter os resultados desejados. De resto, é muito difícil aos Espíritos, de uma ordem relativamente elevada, renascer em mundos inferiores; e que o não fôsse, não encontrariam, naquele meio, as faculdades necessárias para desenvolver a inteligência, de modo a aproveitar o cabedal de existências anteriores.

O único meio que encontraram foi, portanto, revestirem-se do seu invólucro perispiritual, tornando-se visíveis.

Com grande abnegação procuraram, desde logo, pôr a própria inteligência ao alcance daqueles pobres seres tão distanciados da ordem e da civilização. Saturaram-se dos fluidos atmosféricos e misturaram-se entre eles.

As primeiras aparições produziram pavor naquelas criaturas até então entregues exclusivamente à cupidez dos seus instintos, pois que nada os viera arrancar aos seus costumes ordinários. Era a primeira vez que viam seres superiores, estranhos à sua raça!

O segundo gesto foi para o combate; julgavam-nos presa fácil, mas não podiam atingi-la.

Depois, para estabelecer tal ou qual familiaridade, os Espíritos lhes apareciam com belos espécimes animais, que os atraíam sem maior desconfiança. E era de ver-se como esse ardil lhes despertava a cobiça, de tal sorte que eles não tinham outro pensamento que não o de possuí-los vivos, embora os esforços se anulassem diante da matéria imponderável que os formava.

Daí, a ideia de fazerem divindades desses animais, cuja aparição passou a se lhes afigurar um sinal de satisfação dos Espíritos que lhes apareciam para os guiar e proteger nas suas caçadas, e cujo poder ia ao ponto de subjugar as bestas mais ferozes.

De outras vezes, viam os Espíritos manipular uma matéria semelhante à do seu solo e simular construções mais confortáveis do que as choças que os abrigavam e ensaiando, por sua vez, materialmente, a tarefa fluídica, acabavam por imitá-la grosseiramente, é verdade, mas com isso desenvolviam o amor ao trabalho, principal escopo dos Espíritos.

De fato, a civilização repele a preguiça, que é o vício mais perigoso para a Humanidade.

Meu guia advertiu-me que aqueles Espíritos em missão tinham vivido na Terra e que, realizando uma obra de devotamento, sofriam igualmente uma expiação. Aqueles Espíritos, pela orgulhosa presunção de possuírem, só eles, a verdade, haviam entravado a marcha do progresso humano. Depois de um curto estágio no espaço, esses Espíritos são encaminhados para mundos mais atrasados, nos quais podem, a seu turno, ensinar o que julgarem mais adequado aos primeiros albores da inteligência de seres apenas entregues aos próprios instintos. Depois, podem ditar leis que lhes inspirem o temor, útil sempre aos seres inferiores. Também são autorizados a dar recompensas materiais, segundo os gostos e desejos de cada qual, no intento de o tornar, por esse meio, capaz de trabalhos no próprio interesse, primeiro, e, em seguida, no interesse da comunidade.

À medida que os seus sentimentos se dilatam, novas necessidades se fazem sentir, seja para melhorar a própria condição, seja para a prosperidade da família. Trabalho e família, eis por onde devem começar as leis humanas. Desgraçadamente, ainda é preciso continuar, ou, antes, organizar leis arbitrárias; mas é melhor estabelecê-las, para ter mais tarde o direito de as modificar.

Aí está porque a guerra era uma necessidade entre os povos primitivos; ela os arrancou de um estado selvático, que não tinha nem limites nem razão; fêz germinar neles o amor da glória e da honra, e pôde desviar do crime essas naturezas incultas, que não conheciam o valor de uma existência.

Foi com crescente interesse que ouvi palavras de meu guia e me remontei aos primeiros tempos do nosso pobre globo; compreendi porque os Espíritos aparecidos falavam com tal autoridade, havendo mesmo os que chegavam a nomear-se o **Deus vivo**.

E, no entanto, todas essas comunicações, que pareciam suspeitas às pessoas esclarecidas, tinham sua razão de ser nessa época em que os homens habitavam a Terra pela primeira vez. Vindos de um planeta inferior, como esse que acabo de descrever, apenas possuíam noções incompletas do futuro das almas, e apenas podiam ver e compreender o bem-estar da vida material.

Essa a razão por que os Espíritos manifestados lhes diziam muitas vezes: — "Deus ordena que combatais tal tribo ou tal nação, da qual saireis vitoriosos, apesar do número superior do inimigo..." Ou ainda: — "Oferecerás um sacrifício ao Deus vivo, se quiseres que Ele acolha os teus votos."

Lendo passagens tais, de que é tão fértil o Antigo Testamento, chega-se a perguntar se Deus não abdicava, por elas, do seu poder e dignidade; e quando se compara a lei antiga com a doutrina do Cristo, tenta-nos a ideia de que Ele veio destruir as obras do nosso Pai comum. Foi por isso, aliás, que Ele, o Cristo, tratado como blasfemo, foi imolado à ignorância e aos prejuízos do seu tempo. E, contudo, Ele anunciava a verdade sem nada destruir da outra verdade, que numa época mais remota tinha tido a sua razão de ser.

Certo, os contemporâneos de Moisés, pois que já possuíam a ideia de Deus, eram bem mais adiantados que os habitantes do planeta que visitei; mas, ainda assim, era-lhes preciso um Deus ao nível de suas inteligências,um Deus que pudesse confabular familiarmente com os seus chefes e entrar em detalhes de ordem material; era-lhes preciso, enfim, um Deus que nada concedesse gratuitamente.

Tudo o que se obtinha era em troca de sacrifícios; o número de anos de vida era proporcionado à observância das leis e ao respeito para com a família e os superiores, assim como os pretextos mais fúteis serviam para suscitar uma guerra, que Deus ordenava e dirigia.

Sim, minha mãe, Deus tolerou a guerra e a julgou útil porventura, naqueles tempos em que os homens deviam sair dos limbos da inação intelectual causada pelo seu estado de ignorância.

Era preciso que o mal entrasse com o seu contingente ativo para abrir o abcesso secretor de quanto há impuro e aderente ao instinto animal; era preciso estimular as paixões, a fim de poder desenvolver as virtudes em germe no âmago da horrenda chaga do mal; era preciso espicaçar o orgulho para encontrar o amor-próprio; agitar o egoísmo, para fazer explodir o amor do trabalho; suscitar a vingança, para desvendar a justiça; estimular a ambição, para temperar o gênio; e mais — encontrar na avareza a virtude da ordem e da economia. Ninguém nega que a paixão do luxo tenha propelido a indústria, assim como a ambição da fortuna fêz brotar em muitos cérebros invenções sublimes, que foram marcos tantos do ascendente progresso humano.

Em séculos de ignorância convinha estabelecer dogmas severos em religião, a fim de conter as almas rebeldes pelo temor de Deus, até o momento de poderem guiar-se por si mesmas na rota da fé esclarecida. Entretanto, o que era necessário numa época, se tornou reprovável posteriormente, em séculos mais esclarecidos.

O Cristo condenou a guerra e a vingança, sem desaprovar a doutrina de Moisés, porque cada qual estava com a verdade, ao seu tempo.

O espírito não degenera, o vício não pode emanar da virtude e, por isso, a nossa Humanidade caminha sempre para diante.

Tudo se liga e se encadeia e as almas são solidárias, uma vez que, expiando as próprias faltas, se devotam a outras almas mais atrasadas. E os mundos também são solidários e engrenados uns nos outros: sobem juntos, lentamente embora, mas sobem, depurando-se como as almas, porque nada deve ser indigno de Deus.

CAPÍTULO XXVII

ESPIRITISMO E MAGNETISMO

Antes da nossa excursão cotidiana, o guia falou-me assim: — "Pois que nada é indiferente aos Espíritos interessados no progresso humano, procuremos tudo quanto possa atenuar as provas e as dores. De todos os males terrenos, a enfermidade do corpo é uma das mais difíceis de suportar. Há na Terra Espíritos conhecedores das verdades espirituais, em comunicação com outros Espíritos desencarnados, superiores, que os assistem pela inspiração. Esses Espíritos receberam a missão de contribuir — por sua influência e pelos conhecimentos adquiridos da propriedade dos fluidos — para a obra humana da caridade. Vou conduzir-vos agora a um santuário simples, desprovido de ornatos, bem diverso dos templos que ainda apelam para a necessidade do culto exterior. Vereis, aí reunidas, pessoas que se correspondem com os Espíritos por meio de intérpretes dotados de faculdades necessárias ao fenômeno das comunnicações."

— Oh! minha mãe, importa muito que desde já eu te instrua na maneira de ouvir a consoladora palavra dos que amámos na Terra e no espaço nos precederam, pois que, fracos, fraquíssimos mesmo, são os laços que ainda me prendem ao corpo...

— Filho! Quererás com isto anunciar-me uma desgraça? Estarás, acaso, procurando suavizar uma brusca separação? Ah! meu Deus, e eu que tão confiante me entregava à ventura...

— Não posso, querida mãe, precisar o momento da minha libertação; entretanto, noto que já não é possível, como outrora, elevar-me a regiões superiores. Preciso se me torna dispensar ao corpo uma solicitude maior, e meu guia não mais permite que saia da atmosfera terrestre. E não é nela, certamente, que eu poderei encontrar Maria! Volto, no entanto, a descrever-te o que vi. O guia nos conduziu a uma reunião composta de encarnados e desencarnados, e o anjo que a tal reunião presidia formou, pela ação do pensamento, uma árvore imensa no centro de um vasto campo, agrupando ali o seu auditório. Este quadro só era perceptível aos que tinham a vista espiritual. Meu Espírito colocou-se junto da árvore e deu esta comunicação:

— "Meus amigos, a fonte de toda a ciência reside, principalmente, na combinação dos fluidos. O fluido vegetal foi o primeiro a fornecer o seu contingente, porque facilitou o crescimento das plantas e a manutenção dessa terra que palmilhais. Trabalho imenso e imperceptível aos vossos olhos, não vos preocupastes, quiçá, com estudá-lo, mas vereis mais tarde que ele é dum profundo e salutar alcance, sobretudo para os que se preocupam com as diversas qualidades de fluidos, por isso que eles são apropriados, segundo a constituição física dos homens e das plantas. Observai, antes de tudo, que a vinha não aspira os fluidos da mesma forma que a espiga de milho; que as flores, nas simples semente lançada à terra, têm, cada qual, um mecanismo diferente para se nutrirem, desenvolverem-se e receber as qualidades que lhes são próprias. A Criação é um grande todo, mas cada inseto, cada fécula, cada grão, constitui uma personalidade. Mergulhemos, agora, até o fundo do mar, vasto abismo donde os gases da Terra se escapam em ondas para o meio da massa líquida, observemos os seus habitantes e os veremos subdivididos em famílias: há-os monstruosos, que devoram os mais fracos, como há também os que fazem a riqueza dos vossos adornos e, no entanto, todos esses seres vivem no mesmo elemento, no mesmo reservatório. Subamos agora e contemplemos as aves, desde a matinal cotovia à águia altaneira; desde a galinha que cobre os pintainhos ao abutre que os devora e notaremos, ainda, que todos esses seres vivem e respiram juntos, no mesmo ambiente e dos mesmos fluidos, sem embargo da sua natureza diferente. E o homem? O homem, sim, desde o selvagem habitante das florestas adustas ao civilizado que goza dos benéficos efeitos da inteligência evolvida, não têm ambos o mesmo Sol, o mesmo céu, o mesmo Deus? E, no entanto, quão grande é o abismo que os separa! Aproximemo-nos agora dos vossos estudos. Vêde esses doentes que se rojam aos vossos pés. Todos sofrem, mas cada qual a seu modo, e todos esperam de vós, homens sérios e benevolentes, o fluido curador. Não é que a Medicina e o estudo de tantos homens se hajam tornado improfícuos, pois fizeram eles todo o possível para aplicar tal remédio a tal doença. O fato é que a rotina se implantou nos seus gabinetes de trabalho, o que não impediu muitos homens de desencarnarem à força, porque a rotina é, de si mesma, incompatível com a ciência. Quanto à ciência de curar pelo magnetismo, não pode ser rotineira, sob pena de incidir no abuso. Cada doença deverá ter o seu tratamento, o que importa dizer que o magnetizador não pode ter um só método, praticando de um mesmo modo com todos os doentes. Ao magnetizar é preciso, em primeiro lugar, desembaraçar o enfermo de todos os fluidos malsãos que o envolvem e penetrá-lo, depois, no intuito de bem conhecer o mal, de um pensamento caridoso e simpático. Imponde-lhe, depois, as mãos, orando, ou fitai-o, visto que tendes sentidos que mais fàcilmente destacam fluidos, como o olhor e o tato. Compenetrai-vos de que sois o recipiente no qual os Espíritos deitam o fluido necessário à cura de tal ou tal enfermidade. Uma vez que tendes um guia familiar ligado à vossa missão, esse guia é que deve escolher, preparar, condensar os fluidos benéficos ao enfermo do qual cuidais. Assim, pois, é preciso que também vos identifiqueis com o mal que pretendeis curar e, pela confiança na ação dos Espíritos, emprestareis vosso corpo à transmissão do remédio fluídico.

O corpo será, nesse caso, um como alambique a destilar medicamentos invisíveis, mas importa — notai bem — que antes de tudo vos expurgueis o coração de todas as paixões violentas que porventura o agitarem. Não me faleis de um fluido curador capaz de escalar montanhas de ambição, de transpor abismos de orgulho, chafurdando-se em paixões impuras; procurai, antes de orná-la, varrer a vossa casa e obtereis resultados maiores ainda que as próprias esperanças.

Vêde as plantas. Todas contêm, ou a vida ou a morte: se mal constituídas, aspiram no seio da Terra, por suas inúmeras raízes, um fluido venenoso, porque são como os egoístas que pretendem viver só para si. Entretanto, ao lado delas, viçam outras plantas benéficas, que aliviam dores e propiciam calma. O Bem e o Mal se acotovelam por toda a parte, em todos os elementos da Criação. Pois bem: no mundo dos Espíritos, na atmosfera da Terra, há gases, há fluidos impuros, que são atraídos pelas más paixões. E há no espaço muitos Espíritos saturados desses fluidos, os quais Espíritos baixam até os homens como o abutre sobre a presa imbele e vão, gota a gota, molécula a molécula, infiltrando o mal nos organismos, ao mesmo tempo que envenenam o espírito com sugestões maléficas.

Eis porque os mensageiros divinos tomam a si uma tarefa admirável neste momento, a qual não tardará a ser dos homens compreendida, já que têm de, por sua vez, cooperar nela com o seu devotamento. Os Espíritos superiores se espalham em todas as direções e em torno deles se agrupam os Espíritos errantes, que se comprazem em permanecer entre vós, a fim de saciar paixões que a morte não extinguiu. Estes Espíritos, por seus pensamentos materializados, instilam nos homens as suas próprias paixões, tornando-se por isso mais perigosos do que os malfeitores, que curtem o crime no fundo das masmorras terrenas. Libertos, nem por isso estes Espíritos deixam de cultivar a sua paixão dominante e assim é que a uns inspiram a ambição, a outros, a embriaguez, conforme a tendência do encarnado. Os indolentes inspiram a preguiça, os avarentos a avareza, e a vossa sociedade seria sempre e constantemente infeccionada de vícios horrendos, se os bons Espíritos não procurassem minorar essa influência, retirando caridosamente do vosso convívio esses infelizes, para os instruir e melhorar. Secundai, do vosso lado, esses esforços; trabalhai unidos para purificar a vossa Humanidade, visto como, desbastando o caminho para os vossos filhos, também o preparais, de futuro, para vós mesmos. A grande lei da solidariedade começa nas regiões superiores e, por uma cadeia ininterrupta, vem fixar-se profundamente na Terra. Tudo se liga, tudo se deve unir, isto é, o mal deve desaparecer do planeta, mas para isto é preciso que encarnados e desencarnados trabalhem de comum acordo, a fim de destruírem as más paixões. O Espiritismo é a raiz desta grande árvore, cuja seiva deve circular em todos os seus galhos, que são todas as ciências. E' por ele, sòmente, que se hão-de fazer descobertas sérias, e isto porque ele não fica estacionário, antes caminha sempre em busca de novos prodígios, rasgando, a todos, novos horizontes. E' por ele, ainda, que haveis de curar os sofrimentos dos vossos irmãos, vós os que por ele já tendes vencido a morte. O misterioso, o nada, a dúvida desapareceram, desde que ele, o Espiritismo, lançou um raio de luz nesses abismos, ante os quais estacavam impotentes inúmeros sábios materialistas. Lançando do espaço uma ponte sobre o vosso planeta, ele faz descer a vós, por ela, os seres que amastes e ainda pranteais e, para que a partilha seja igual, também faculta aos encarnados a passagem dessa ponte. Por meio de visões espirituais, mostra-lhes as esferas brilhantes, habitadas por Espíritos superiores, fazendo-os passear por um instante no meio desta pátria que lhes é destinada. E como se isso não bastara, ainda se acercam de vós para dizer o que vêem e ouvem, a fim de vos conservar a fé, manter a esperança e entreter o fogo vivo dessa virtude sobre-humana, que em si resume todas as outras — a caridade."

CAPÍTULO XXVII

NO PAÍS DOS SONHOS

O mesmo fenômeno que inquietara tão vivamente a senhora Marcel a respeito de Ludovico, repetiu-se ao começo de uma nova entrevista, mas desta vez sem temor, antes com júbilo, por saber que era o Espírito do marido que lhe vinha falar.

— "Devo dizer-te, querida esposa, quanto me sinto feliz desde que os olhos se me abriram para tudo que a minha perturbação espiritual não deixava de entrever. Agora, para mim, tudo é vida e luz! Não encontro expressões que te definam a minha felicidade, parecendo-me que saio do abismo do nada em que as próprias culpas me haviam mergulhado! Prova terrível, a de uma alma na qual a esperança se tenha aniquilado! Em tais condições, essa alma não vê mais os benefícios que porventura tenha prodigalizado na Terra, e só o mal lhe aparece com todas as suas agravantes. Oh! de que peso enorme me aliviei! E como desejo realizar dignamente a reparação das minhas faltas! Mas, quanto te devo também, a ti que por mim oraste, procuraste e encontraste no meu exílio, abreviando pela tua dedicação tantos dos meus padecimentos! Que Deus te abençoe por tantos benefícios que me fizeste. A meu filho deixo a tarefa de te contar em frases ternas as gratas impressões que experimentei com ele em nossas viagens, e isto porque me sinto fatigado ao manifestar-me assim, de um modo tão inusitado para mim.

— Fizemos, minha mãe, uma excursão ao país dos sonhos. Meu guia houve por bem conduzir-nos a esse mundo silencioso, no qual o Espírito, depois de haver confiado o corpo por alguns instantes à vida orgânica, vai buscar a nutrição que lhe compete, ao seu elemento próprio, isto é, fora da matéria. Os mistérios do sono são encantadores e devem interessar as pessoas que a eles se entregam com tantas delícias, pois que o sono absorve grande parte da existência terrena. Estudemo-lo, portanto, com a ciência espiritual e deixemos de parte a superstição que por tanto tempo guiou as criaturas crédulas nessas investigações interessantes.

Há, na penumbra que os mortais habitam, seres cuja inteligência penetra, sem hesitação, no elemento espiritual. Nós os observamos durante o sono: o Espírito desprende-se, mas em diferentes graus. Dir-se-iam cambiantes borboletas saindo, rompendo bruscamente a crisálida, para se elevarem radiosas na atmosfera. E' assim que o Espírito deixa o corpo para, num momento, respirar a longos haustos o ar puro das esferas celestes, tão necessário à sua natureza sutil, como à alimentação do seu invólucro carnal.

Seguimos diversos Espíritos nesses passeios noturnos; o caminho como que lhes estava prèviamente traçado, numa linha de atração, como, de resto, acontece a tudo o que existe. Subiam, subiam com a velocidade do vento, para mundos fluídicos encantadores, nos quais já os esperavam Espíritos amigos, entes caros e conhecidos. Contudo, essas visitas são breves, os notívagos parecem apressados em voltar para junto dos seus corpos, que experimentam, nesses curtos momentos de êxtase, um aniquilamento completo.

Esses instantes de emancipação podem ser comparados ao voo da calandra, que se eleva cantando acima do seu ninho para abater em seguida, exausta e arquejante, nos trigais floridos que a escondem.

De tais momentos de felicidade, é muito raro ficar uma lembrança perfeita ao despertar. E assim é de fato, em virtude de um maior desprendimento do Espírito, sem coparticipação do organismo. Mas, ainda deste modo, sempre fica uma intuição vaga e a sensação de um bem-estar indefinível, muito maior que a facultada pelo sono ordinário. Neste, o Espírito não pode desprender-se completamente, se bem que assista a cenas estranhas, inteiramente alheias às suas cogitações diurnas. E' que ele se encontra, sem disso duvidar, durante o sono, nas fronteiras do mundo espiritual, onde ordinàriamente se reúnem os Espíritos recém-desencarnados e ainda imbuídos de pensamentos materiais, que formam paisagens fluídicas representando, a seu turno, regiões longínquas ou simples episódios de suas encarnações.

Esses Espíritos se movem em pequenas esferas ligadas entre si; e é por causa dessa mistura infinita de pensamentos disparatados, aos quais o encarnado adormecido junta os seus, que as coisas sonhadas nunca estão de acordo com a realidade. Assim, quando se sonha que se vê a morada, ela não se apresenta tal qual é, na realidade, mas sempre com acréscimo ou supressão de detalhes: a gente a vê, por exemplo, num outro país, o qual, por sua vez, sofreu alterações; as pessoas conhecidas ficam, muitas vezes, sujeitas a metamorfoses. A razão, aliás, é simples: nesse movimento de verdadeiro vaivém de massas fluídicas, não há leis dirigentes. Nos limites da vida, quase sempre reina a confusão, e aquele que dorme não está bastante desmaterializado, nem tem liberdade de agir como deseja, submete-se sempre a uma vontade estranha e superior. Acontece, muitas vezes, que Espíritos levianos se entretêm com a formação de quadros bem concatenados, representando coisas apavorantes, no intuito de causar inquietudes ao despertar.

Durante os sonhos também se podem ter revelações de Espíritos que se interessam pelo encarnado, seja para prevenir um perigo, seja para dar conselhos; mas, muitas vezes, acontece falhar a memória em detalhes precisos, enquanto outros, secundários, ficam nìtidamente gravados. Resulta isto do fato de não ser a memória uma faculdade que se possa generalizar, não podendo, consequentemente, localizar-se num órgão especial. Pode-se, pois, ter memória para umas coisas e não a ter, absolutamente, para outras. Ela como que paira sobranceira acima das mais desenvolvidas faculdades orgânicas, podendo-se mesmo resumir o caráter e as aptidões de uma pessoa fazendo um apelo às suas reminiscências.

A memória, durante o estado de vigília, é, muitas vezes, uma reminiscência das vidas anteriores. E' verdade que essas reminiscências são vagas, mas evidenciam na vossa inteligência as aptidões mais acentuadas.

Vimos Espíritos aproveitarem-se do repouso corporal para se entregarem no espaço a misteres inteiramente contrários à sua posição terrena e à instrução que receberam.

Uma das nossas observações mais curiosas foi o sono das crianças. Nelas, o desprendimento é muito mais fácil que nos adultos e é nessas surtidas que os seus Espíritos se fortalecem, no mundo que há pouco deixaram; mas — coisa notável — quanto mais tenra é a criança, mais seu Espírito se aproxima da natureza real, de modo que nada faria supor a sua infantilidade, ou, por outra, que ela anima um corpo infantil, se o não víssemos sair desse invólucro. Sair? Digo mal, porque o Espírito não penetra realmente o corpo, senão quando os órgãos estão preparados para recebê-lo. Assim, pois, ele possui muito mais independência durante o sono e mais fàcilmente se encontra entre os Espíritos que deixou, para fazer uma nova encarnação e com o que, aliás, também muito goza. Eis como se explicam os gritos e prantos desses pequeninos entes ao despertar. Vimos, depois, crianças de uma idade mais avançada, cujo sono é calmo e protegido por bons Espritos, que sobre elas velam, apresentando-lhes comumente quadros deliciosos, compatíveis com as tendências e os brincos de sua idade.

A esses sonhos podemos chamar — de ouro — porque, sendo ainda relativamente nulo o papel do Espírito na vida material, está isento dos cuidados de que ela é pródiga. Eis, minha mãe, o que vimos e o que nos interessou no mais alto grau. Deus dissipa o intenso nevoeiro que encobre as coisas mais surpreendentes da vida espiritual e da vida material; a luz surge de todos os quadrantes.

Ponhamo-la em evidência, a fim de que cada qual possa marchar com firmeza no caminho da razão e da fé.

CAPÍTULO XXVIII

AS QUATRO FONTES

Minha mãe, quantas vezes se admira a fecundidade da humana inteligência e a felicidade com que ela engendra as ideias conducentes ao aperfeiçoamento na rota do progresso!

Entretanto, ninguém avalia a riqueza incomparável do manancial de que derivam essas ideias, isto é, os dotes sublimes que exornam os Espíritos superiores, a pureza da sua linguagem, os quadros deslumbrantes que eles esboçam para mais profundamente impressionar a memória humana!

Ciência e moral são, dessarte, ensinadas de um modo agradável, que torna atraente o que é árido; as instruções materiais e morais são concatenadas com tanta delicadeza e harmonia, que o contacto dessas duas coisas tão opostas não padece o mínimo choque de transição.

Fora preciso uma linguagem bem superior à minha, para traçar com fidelidade tudo o que sinto, vejo, admiro e ouço, mas eu me deixo seduzir pela beleza dos lugares que visito e não posso, senão de maneira imperfeita, traduzir as minhas impressões.

Meu guia nos conduziu a vasto campo recentemente trabalhado por um velho vergado ao peso dos anos. O velho deitava uma semente aos sulcos de terra, ainda frescos... Terminado o trabalho, o velho dirigiu-se para uma árvore frondosa a cuja sombra, em repouso, se mergulhou logo em profundo sono.

— "O homem laborioso — disse meu guia — está, como vês, ao abrigo das paixões e de muitos sofrimentos, e no próprio repouso já tem uma suave recompensa, porque está isento de cuidados."

O campo a que me refiro, era limitado por quatro fontes. A do sul era um bloco de pedra a espaços fendida, e de cujas fendas manava uma água quente e turva, que, na sua queda, fizera na terra uma bacia estreita e funda. O anjo aproximou-se prudentemente do local, e depois nos chamou. Debruçámo-nos sobre a rocha e só então pudemos avaliar o perigo que ali havia. E' que a água havia solapado a terra, profundando o abismo, apenas revestido de uma crosta delgada, coberta de relva e que mal resistiria aos primeiros passos temerários de quem por ali caminhasse sem maiores precauções.

— "Esta fonte natural — disse o guia — representa o perigo das doutrinas materialistas, que cavam um abismo ao lado da base dos seus ensinos."

Afastávamo-nos já do local, quando o anjo com mão potente abalou e precipitou o rochedo no abismo, exclamando: — **"Eis como acabarão todas as doutrinas que não tiverem por base Deus e a Imortalidade.**

Sinistro estrondo se ouviu, uma lama infecta espirrou por todos os lados, mas o abismo ficou entupido. A fonte de oeste formava uma coluna triangular, de uma pedra bruta. Três serpentes enroladas cuspinhavam nas águas de três bacias. A primeira bacia era estreita e deixava escapar a água por um conduto que a recebia e reconduzia à mesma fonte. E o anjo escreveu em cima dessa bacia: "**A prudência nada desperdiça; ela mostra os seus tesouros e logo os esconde.**"

A segunda bacia era larga, porém rasa; de modo que a água que recebia era logo absorvida pelos raios de um sol ardente.... E o anjo apôs-lhe o seguinte dístico: "**Os atos e pensamentos superficiais podem seduzir à primeira vista, mas não resistem ao olhar penetrante da razão e da justiça, que logo os desfaz.**"

A terceira bacia era grande e profunda, como abundante o seu abastecimento, e o anjo traçou este lema: "**Previdência e caridade, vossa fonte será sempre inesgotável!**"

A fonte de leste era monumental, representava uma torre quadrada, em cuja base uma leoa amamentava dois filhotes, tendo aos pés um ninho de pombos. Mais abaixo havia uma gruta natural e umbrosa, da qual corria uma linfa abundante e fresca, que tudo fertilizava em sua passagem. E o anjo escreveu: "**Dia virá no qual os poderosos da Terra deixarão de ser o verdugo dos povos, compreendendo que a força só é grande quando inspirada na paz.**" A fonte do norte, em pórfiro, era uma coluna elevadíssima, de cujo poteagudo cimo jorrava a água com todas as cores cambiantes do arco-íris, para cair como chuva de diamantes num jardim recamado das mais raras e belas flores. Teve a seguinte legenda: "**Os pensamentos purificados pelo isolamento e pela prece podem, num movimento enérgico e independente, elevar-se ao céu, onde se vivificam pelo reflexo da luz espiritual, aspirando às premissas da verdade, para recaírem como eflúvios copiosos nos corações, a fim de os instruir e consolar.**"

A pouca distância desta fonte, o laborioso velho recomeçara o trabalho...

— Que fazes aí? — disse-lhe o anjo.

Cavo um sulco no meu campo para fazer correr nele a água desta preciosa fonte.

— Não o conseguirás, contudo — retorquiu o anjo —; porque esta água não corre: infiltra-se, isso sim, e só fertiliza a região em que cai.

CAPÍTULO XXIX

OS FLAGELOS DA HUMANIDADE

Tive, minha mãe, uma visão penosa dos flagelos da Humanidade de todos os tempos.

Esses flagelos, quais aves de rapina, pairam sobre a Terra lançando a treva nas inteligências e o frio nos corações.

Eu os vi distribuindo a sua tarefa, a executá-la com a alma própria das boas ações.

Vi a inveja dar o braço à ignorância para erigir a cruz do Gólgota; improvisar fogueiras ao clarão da hipocrisia, com o mesmo açodamento com que outrora esfaimavam as feras para lançá-las furiosas na arena dos circos romanos, contra vítimas inocentes. Mais tarde, ergueram cadafalsos e aguçaram o cutelo dos carrascos.

Vi a ambição fundir armas e canhões, como vi andrajosos, viúvas e órfãos derramarem lágrimas amargas sobre as traves carbonizadas dos seus tetos incendiados.

Foi ele, o ciúme, que arquitetou as fortalezas espessas, com profundas, negras e húmidas masmorras. Subjugando à sua tutela a verdade e a luz, quantas e quantas vezes as constringiu no seu guante dentado, qual a águia o faz à presa na serra aguda do seu bico, rasgando-lhe a carne e bebendo-lhe o sangue, para atirar bem longe os destroços da ossada inútil. Entretanto, ao impulso da ambição que os exibia, esses esqueletos se refaziam como se foram espectros. E os ignorantes aterrados, que quiseram abrir os olhos para os contemplar, deixando-se conduzir como cegos.

Oh! minha mãe, como é triste ver a verdade assim desnaturada pelo mal!

Para os mortais, ela está sempre envolta num véu discreto e misterioso, até o momento em que a ciência a desvende.

O corpo esconde muitas e dolorosas verdades, que se dissimulam nas dobras do coração humano. Sob o invólucro carnal, vós outros não vêdes os maus sentimentos que aí germinam e pululam incessantes, e, assim, vos ombreais pela vossa ignorância e com a mesma indiferença, tanto com o homem que premedita um crime, como com o que nutre ideias francas e generosas.

Cada criatura tem em torno de si um mundo de paixões, de desejos, de esperanças, de tristezas, de sofrimentos e de amor; mas o corpo esconde tudo isso aos olhos humanos.

Há no espaço museus eternos, cujas pinturas inalteráveis conservam fielmente toda a história da Humanidade; vêem-se aí cenas bem tristes, bem tocantes, mas que assinalam a marcha do progresso feito.

Há também, no mundo espiritual, muitas pinturas que se conservam veladas para muitos Espíritos. Estas, são propriedade de seres superiores, que as recebem em sagrado depósito de regiões mais altas, com a missão de as fazerem baixar gradualmente à Terra.

São, nem mais nem menos que os quadros do futuro, preparados pelo Ente-Supremo, nos conselhos de sua sabedoria.

CAPÍTULO XXX

UM PONTO NEGRO NO FUTURO

No começo desta entrevista, o semblante de Ludovico tomou uma expressão de tristeza, que muito impressionou a senhora Marcel.

Dirigindo-se ao seu guia, dir-se-ia que tivesse soluços na voz.

— Oh! meu guia — exclamava — o desânimo empolga-me, meu espírito parece experimentar um novo peso; sinto que me não posso afastar mais da atmosfera terrena, tão pesada, agora, para mim. Estarei, porventura, condenado a retomar o corpo, a reanimá-lo, a caminhar na Terra qual num árido deserto? Mas eu fruí tanta ventura; alimentei, aqui, tão consoladoras esperanças, que jamais poderia suportar encarnado o fogo de tais recordações, a ausência de tantos bens.

Demais, seria uma criatura inútil, um fardo para minha mãe, ao mesmo tempo que a filhinha já não teria em mim um pai suficientemente enérgico para educá-la e dirigi-la. Foi um sono letárgico que me reteve os sentidos inativos por tanto tempo? Neste caso, continue o sono, porque não quero mais abrir os olhos às coisas deste mundo; não quero mais palmilhar a Terra impura, depois de haver pairado em esferas tão belas. A relva dos campos não tem mais frescura, comparada aos oásis nos quais repousei; nem há som capaz de deleitar-me o ouvido, depois das celestiais harmonias que o acariciaram: as palavras humanas, também, nada exprimem em relação à linguagem viva e silenciosa, que se não articula; e a boca... a minha boca, que se alimentou de fluidos odorantes nos reservatórios do infinito, também ela não poderia remoer a grosseira alimentação, que nutrisse este corpo enfraquecido. Oh! meu guia, leva-me, alça-me por sobre esses fluidos balsâmicos que possuem a vida e a força; dize-lhes que me arrastem ainda por aqueles sítios...

— Porque murmurar assim — obtempera o guia — quando te encarregaste de uma tarefa missionária junto de teu pai? Quando o descobriste no seu merencório retiro, estavas resolvido a não mais deixá-lo, ajudando-o no sofrimento; e agora que ele teve a liberdade para nos acompanhar em nossas excursões, tu te lamentas da súbita alteração das nossas viagens pelo espaço além...

— Entretanto, deves compreender que ele não é assaz desprendido para acompanhar-nos, uma vez que ainda não reparou completamente as suas faltas; que não lhe fora dado seguir-nos além da atmosfera terrestre.

Sem a tua assistência, ele não poderia comunicar-se com tua mãe por meio de teu corpo, e é em momentos destes que o teu Espírito se anuvia e entristece?

Coragem, e ora por aqueles que devem aperfeiçoar-se na tua esteira.

Afastemo-nos por um instante, vem espairecer teus pensamentos tristes na contemplação dos quadros que reanimam a fé, pois que têm o selo da verdade.

Vem, porque levantaremos uma ponta do véu que encobre o futuro, e interrogaremos os imutáveis decretos do Onipotente, para os comparar com os vãos e apaixonados desejos dos homens.

Olha este quadro: eloquentemente triste, ele apenas representa uma coisa — armas e sangue. Repara como é sombrio o céu, prenhe de tempestades surdas e, mais longe, as vagas que se alteiam e mostram, rápidas como o relâmpago, os guerreiros que elas para logo vão tragando.

Que deusa será essa que agora se aproxima cavalgando uma nuvem de púrpura e ao seio das vagas lança coroas de ouro?

Agora, vê, a calma se fêz; o céu é de turquesa, o Sol resplandecente transforma em diamantes as gotas d'água depositadas na folhagem viridente. Vê mais: estes campos, há pouco devastados, têm agora a calma profunda que sucede sempre às grandes tempestades; as ondas compactas levam no dorso os destroços da própria luta e, na praia húmida, lá estão os milhares de vítimas que aguardam sepultura.

Uma mulher se aproxima — a mesma que acalmou a tempestade — e depois de abrir as sepulturas, cobrindo aqueles cadáveres com a bandeira da pátria, escreveu sobre as lousas brancas estas palavras: "Mortos, dormi em paz por alguns instantes; mas, quando eu vier bater aos vossos túmulos esquecidos, haveis de levantar-vos todos, não mais para combaterdes, mas para guardardes da Terra o maior tesouro — a liberdade."

Atenta, agora, para aquele nevoeiro que lá, ao longe, obscurece o horizonte... Não é poeira que o vento levanta em asas possantes; não são nuvens que abatem lentamente ao solo; nem fumarada espessa de incêndio, nem pólvora asfixiante de combates gigantescos; é apenas um fluido compacto emitido de um só ponto, mas fluido bastante pesado para se não espalhar e, por isso, forçosamente imobilizado, estacionário...

Em tais condições, ele também só envolve os

próprios Espíritos que o formaram, abafando-os num como horrível pesadelo, tirando-lhes gradativamente a luz e a razão, levantando, entre eles e o mundo, uma barreira.

Mas deixemos o mal. Que ele se encerre no meio dos seus inextricáveis labirintos. Afastemo-nos dele, por duplamente perigoso, quando idealizado no seio do orgulho e da ambição. Há nesses nevoeiros cavernas sombrias, que se fecham logo sobre os que nelas se insinuam; e os pobres desgraçados, que nelas mergulham, não mais acertam com o caminho da liberdade.

Há ali quadros horríveis, formados pelo Espírito do mal; quadros que levam o desespero à alma e a morte ao coração; há demônios e chamas que ardem intèrminamente; anjos de braços terríveis, legiões inteiras de extermínio e suplício, catadurás ferozes, olhares chamejantes de cólera. Agrilhoam e agrilhoam outras legiões dalmas que um monstro disforme, de asas negras, atira em seguida a um abismo.

E há também um deus ostentando, numa das mãos, pilhas de outro, e, na outra... anátemas.

Fujamos deste sítio, assaz perigoso para o Espírito de teu pai.

Estes quadros fariam renascer nele as apreensões pela justiça divina, tão mal definida pelos homens encarregados de dirigir as almas.

— Oh! meu guia — clama Ludovico — acabas de nos mostrar uma profecia viva, que ameaça a Terra, acrescentando que estes decretos emanam da sabedoria divina! Entretanto, a Deus não apraz derramar o sangue de seus filhos e horror, horror sòmente lhe podem inspirar essas guerras fratricidas, que apenas servem para excitar ódios e alimentar vindictas.

Os homens de bem deploram essas catástrofes e tudo fazem para varrê-las deste mísero globo... Não poderia Deus, na sua infinita onipotência, confundir os agitadores de tais calamidades?

— Falas — replica o anjo — como se não conhecesses as leis do livre arbítrio, respeitadas pelo próprio Criador. Pois fica sabendo que o quadro que te impressionou é a consequência do orgulho e da ambição; é a escuma que remonta a crista da vaga, a estrumeira que emerge do rescaldo das paixões.

Há nos maus pensamentos uma força que os disciplina e amalgama pela lei de atração, em fluidos compactos, sobre os quais os Espíritos ainda saturados de ódio e vingança vêm, a seu turno, depositar a sua força de vontade e de ação; depois, quando o esboço está pronto, a pintura se dilata, de sorte que de alto a baixo as vontades se confundem e esses quadros, semelhantes a uma nuvem prenhe de tempestades, pesam sobre as nações em que o flagelo tem de explodir. Guerras haverá no mundo, enquanto de pé conservar-se o último trono, visto que ambição sempre existe, velada embora, sob o manto purpúreo dos soberanos de povos.

— Pois que a prece deve ser como esses ventos do Norte, que para longe enxotam as nuvens acumuladas em dada região, dize-me, bom guia, se ela, a prece, pode desviar esses flagelos da Terra...

— Sim, mas para isso importa que as preces partam do mesmo ponto onde o mal agregou suas forças, reunidas como ele, num mesmo esforço capaz de vigoroso impulso, que, por sua unidade de vistas, disperse as más influências. Entretanto, dá que to diga: completo que esteja o quadro planejado, próxima está a sua realização terrena.

Oremos, por conseguinte, para o futuro; oremos para que a sabedoria destrone o orgulho e o devotamento desbanque a ambição.

Vejamos agora o reverso da medalha, pois se o mal opera com ardor e tem ações tão bem combinadas, sempre há também homens que pensam no bem e para que o bem triunfe, se concertam com os Espíritos desencarnados, da mesma categoria.

Vês esta região aclarada por um céu sem nuvens? Vês esta multidão de trabalhadores que aplainam uma estrada fácil ao progresso? Eles sabem que a melhor maneira de extinguir os ódios é elevar as inteligências. Repara: cabeças encanecidas, menos pela idade que pelas vigílias, ei-los entregues a um trabalho sistemático, impenitente, dando a última demão a verdadeiras obras-primas, que eles próprios não gozarão.

O vasto terreno, no qual se reúnem os pensamentos de tantos homens de gênio, assemelha-se ao de uma exposição universal em perspectiva, na qual indústria e arte se confundem. E a ciência, pela profundez das investigações, formará a base e a cúpula do edifício. Olha esses trabalhos colossais delineados numa grande área — canais que em breve conduzirão água aos desertos!

Repara, acolá, aquele navio da forma de uma baleia e ao qual se pretende dar a mesma força e agilidade dela, para que possa afrontar impávido as tempestades!

Quantas combinações! quanta tensão de espírito! que turbilhão de riquezas e decepções ocultas, antes de atingir o alvo! Dez anos mais, de pesquisa e labor, antes que se abale a obra gigantesca!

Repara, mais, perto desse barco, no químico que se debruça para a retorta na qual derrama gota a gota essências que fazem das matérias incandescentes um como lago prateado.

E' um homem de gênio a trabalhar em segredo e cuja obra só revelará depois de terminada, mesmo porque, o ideal que o preocupa parecia impossível aos seus contemporâneos.

E, no entanto, a sua descoberta há-de produzir grande revolução na indústria, substituindo com vantagem e por processos simplicíssimos os combustíveis da iluminação, hoje consagrados como a última palavra do aperfeiçoamento.

Mas, triunfante, esse homem não gozará dos benefícios do seu trabalho: depois de consumida a existência em longas vigílias, chegado o momento de exclamar — Eureca! — o coração lhe cessará de bater, porque a sua missão não vai além da tarefa que escolheu.

Atenta, agora, nestes homens devotados, que procuram por todos os meios simplificar a instrução, tornando-a interessante à juventude que, ao presente, sofre moral e fisicamente da aridez do estudo e experimenta tantos prematuros dissabores.

E estes manuscritos incompletos, cheios de palavras incompreensíveis ao comum dos mortais? São esboços preciosos, interrompidos pela morte dos seus autores, mas destinados a serem prosseguidos por outros investigadores, e dos quais há de jorrar um dia a última palavra sobre a solidariedade dos povos — nem mais nem menos que o grande problema da unidade da linguagem e da escrita em todo o planeta.

Mas, quantos dias transcorrerão, antes que esse ensino se torne geral e obrigatório!

E estas máquinas simples e cômodas, charruas de nova espécie a que o vapor imprimirá todos os requisitos de força e velocidade! Olha como as lâminas se enterram profundamente no solo, e como o vapor, que se escapa por aquela válvula adrede preparada, vai destruir milhões de larvas que seriam outros tantos insetos nocivos à seara! O trabalhador já não terá que se ocupar senão do fogo e da água!

Quanta economia de tempo e dinheiro!

E este novo segador, também a vapor, que corre aqui e ali pelo prado e vai, com as suas duas foices dianteiras, ceifando a erva, enquanto as outras duas, enormes e laterais, cortam à direita e à esquerda, e os garfos curvos separam o feno com grande celeridade?!

Que simplicidade de mecanismo e com que facilidade o lavrador o monta e o remove de um campo a outro, com uma simples junta de bois!

E aí tens os aldeões transformados em hábeis e prudentes mecânicos.

Permitido nos fora desvendar todos os grandes projetos que ora se arquitetam, e as nossas descrições seriam tidas como frutos de uma imaginação delirante!

Contudo, eu não me eximo de admirar essa luz que surge tão nítida em meio à noite, formando sobre o mar um como clarão de aurora. O astro da noite parece que se obumbra ante esse novo astro que surge! Terá ele reivindicado para si o brilho do Sol, com o qual parece querer rivalizar?

Para as grandes cidades, para as menores aldeias, para os recantos mais ermos, não mais haverá noites, pois todos receberão igualmente os revérberos dessa luz generosa.

Que será, depois dos malfeitores instintivos? Como poderão eles realizar as suas empresas sinistras?

Essa fonte de luz que por toda a parte circula, deriva de uma combinação preciosa dos fluidos atmosféricos com os gases da Terra. O Sol contribuirá grandemente para isso, deixando surpreender seus raios, como já tem acontecido em relação a tantas outras maravilhas já conhecidas, que, apesar da sua evidência, ainda oferecem margem para críticas mesquinhas. O Sol contém no seu bojo todas as propriedades da vida e da força de atração; ele dirige raios que absorvem água e a transformam em nuvens; que alimentam as fontes e fecundam a terra (*).

Repara, também, nesta quantidade enorme de escritos, outros tantos condutos preciosos para a ciência e a moral, um tesouro da posteridade.

Não esqueças, porém, que todos estes homens de gênio, cujas pesquisas úteis farão avançar a Humanidade, não trabalham sòzinhos e por si mesmos, antes são inspirados pelos Espíritos e por eles impelidos a desbravar as dificuldades que parecem impossibilitar o êxito pleno dos seus esforços.

E nenhum deles sonha com o interesse, com o benefício, querendo apenas deixar na Terra uma lembrança útil da sua encarnação.

Cheios de fé, nem por isso deixam de refletir o desânimo consequente ao meio; lutas, também as têm, inúmeras a sustentar, mas, apesar de tudo, perseveram.

Pois bem: esta vasta oficina que visitamos, pode bem denominar-se "O Santuário da Prece", sem diminuir em nada a que dirigimos a Deus pelas

---

(*) Chamamos a atenção do leitor para o fato de ter sido esta obra escrita em meados do século passado, verificando-se, assim, que muitas descobertas, aí delineadas, são hoje realidades vivas. Assim o vapor, a eletricidade, o rádio em suas múltiplas aplicações. A energia solar, essa mesma, preocupa, ao presente, os nossos físicos de maior renome. Aí temos uma prova da presciência imanente no tempo e no espaço. — *(Nota do Tradutor)*.

aspirações do coração. E' que os homens que descobrem e realizam pràticamente os benefícios que o Supremo a mancheias derramou por toda a Criação, esses, entoam ao Criador o mais belo dos hinos — o do reconhecimento — que começa pelo amor de Deus e acaba pelo amor do próximo.

CAPÍTULO XXXI

COMUNICAÇÃO DOS ESPÍRITOS COM OS ENCARNADOS

Acabamos — diz Ludovico — de assistir a uma dessas reuniões em que os homens se comprazem em conversar com os Espíritos.

Ardente a fé que os anima, baseada nesta grande verdade: sendo a alma imortal, deve conservar no mais alto grau a lembrança, a amizade de quantos ela deixou entregues à tristeza e ao isolamento terrenos.

Os Espíritos que assistiam à reunião forravam-se à prova do remorso, ali conduzidos por guias devotados, a fim de os instruir e pôr em contacto com os encarnados.

E as instruções que aí se davam, calcadas no princípio da mais pura moral, podiam ser igualmente proveitosas a uns e a outros.

Aqui as reproduzo, minha mãe, as palavras que ouvi, especialmente dirigidas àqueles homens por médiuns fiéis, que traduziam em linguagem terrena o que a voz da inspiração lhes ditava à inteligência.

Eis o que ouvi:

— O dia das vossas reuniões é vivamente desejado por aqueles a quem tanto amais. E' que, sentindo duplicadas as próprias forças, em razão da vossa simpatia, eles permanecem entre vós e vivem de recordações.

Entretanto, quantos Espíritos aqui ficam abandonados, entregues tão sòmente aos seus maus instintos! E sabeis porquê? E' porque são esquecidos daqueles que ficaram na Terra. E, neste caso, o trabalho da sua transformação torna-se muito laborioso.

Felizes os que compreendem essa comunhão das almas, que começa nos mundos superiores e vem confinar-se no fundo das consciências, das mais torturadas pelo remorso!

Se me compraz em trazer ao vosso meio esta legião de Espíritos — pois entre os que nos são caros muitos vos são conhecidos — é que, para mim, a mais bela e a mais santa das missões é o ensino prático da conversão dos Espíritos.

Quando estes pobrezinhos houverem domado as próprias paixões e fraquezas que os retêm ainda meio materializados, então, poderão habitar os sítios nos quais tudo convida à paz e ao amor.

Sêde têm eles, mas sêde dessa água fortificante, que jorra aos borbotões das fontes da fé e da esperança.

Que se aproximem, pois, os egoístas, os orgulhosos, os avaros, sequiosos da caridade.

Que se aproximem, aqueles para quem a vida transcorreu em dúvidas; os escravos, que não são senhores da matéria; aqueles, em suma, que obstinadamente mantiveram a venda nos olhos para não ver a luz; todos quantos premiram, abafaram as suaves aspirações do ser, para procurar o desconhecido no vácuo.

Que venham todos desalterar-se, pois o archote da fé os conduzirá à sua fonte preferida!

E vós, mortais, que até aqui caminhastes no meio das trevas da vida sem perceber os perigos de que ela é cercada, não temais de agora em diante a treva, por isso que a fé virá, na sua claridade celeste, encaminhar-vos na vida espiritual, para que não mais caminheis ao acaso.

Por vossa parte, dai mão fraterna aos cegos que se nutrem das próprias paixões; não temais preveni-los do perigo que os ameaça, jamais estimuleis, por uma culposa fraqueza, os vícios que empestariam a existência dos que vos estão confiados.

Tolerar um mal é, verdadeiramente, compartilhar dele.

As almas boas e tímidas cedem sempre no intuito de obter a paz, sem perceber que o benefício que poderia ser conseguido com uma energia sã, de outro modo se funde, qual bola de neve em face de um sol ardente.

Verdade é que os mortais devem suportar com paciência as provas que pediram ao encarnar, máxime quando o devotamento os levou a solicitar a direção de Espíritos atrasados, que encarnam na mesma família. Mas, que sucede, quando os maus instintos dessa alma que pretendeis converter exercem sobre vós um ascendente, isto é, quando por bondade e por fraqueza vos curvais a um despotismo ridículo?

Dá-se que os papéis ficam completamente invertidos; o mal cresce nessa alma, que acalenta ao seio os répteis venenosos do orgulho e da cólera; e por felizes vos podereis dar, se não fordes, vós mesmos, arrastados na corrente dessas paixões, avassalados por esse Espírito, que vos levará diante dele às bordas do abismo.

Mas, direis, é impossível lutar por muito tempo e a paciência, nesse caso, evita o escândalo.

A paciência, meus amigos, é uma virtude que só tem cabimento junto dos fracos e sofredores, mas transforma-se em falta, ou, antes, chama-se tolerância e tolerância criminosa, ante a força do mal.

Não deixeis, nunca, que o vosso espírito se amolgue às injunções da tirania; sêde fortes e vitoriosos nesta luta invisível, como se estivésssseis em face de um inimigo aparelhado para vos arrancar a vida.

Se persistirdes no bem com a fé e o desejo de o realizar sem desfalecimento, Deus vos assistirá, vos enviará socorros para abater a hidra que vos quer tragar.

Orai, portanto, por aqueles que vos fazem sofrer, pois desde que as vossas intenções sejam puras e o vosso coração devotado ao bem da Humanidade, o mal não poderá atingir-vos pessoalmente. Contudo, muitas vezes, aqueles que vos cercam e a vós se ligam por laços de família, partilham desse mal em profusão, e isso porque contra ele não lutam. Neste caso, sereis vós o recipiente no qual derramam as más influências de que se encontram saturados.

Que Deus ilumine essas almas; que Ele as desvie do abismo no qual mergulharam, por longos anos, de olhares audaciosos; que Ele as liberte do mal e as eleve às regiões celestes onde reinam o amor e a virtude.

CAPÍTULLO XXXII

UMA PÁGINA DO EVANGELHO

Nós acabamos, mãe, de assistir a uma reunião composta de simples sacerdotes e de Espíritos tímidos e ignorantes, imbuídos ainda das supersticiosas ideias de morte, de juízo final e do inferno.

Essa assembleia era presidida pelos apóstolos do Cristo. Executavam essa tarefa de abnegação, principalmente por motivo de haverem os seus nomes exercido certo prestígio sobre as convenções religiosas daqueles pobres Espíritos.

Dessarte vinham, piedosamente, tranquilizá-los e lhes incutir confiança na misericórdia de Deus.

Em nome dos apóstolos, um deles tomou a palavra e deu aos Espíritos presentes o seguinte ensinamento:

Os feitos de Jesus foram concebidos por essa caridade imensa, por esse amor sublime à Humanidade, caridade e amor de que foi Ele o protótipo. Em seguindo os seus ensinos, poder-se-á também realizar suas obras.

No mundo espiritual, tal como na Terra, temos prosseguido em nossa missão, ensinando segundo o espírito, que não segundo a letra dos Evangelhos, e nada modificando dessa doutrina de pura caridade, que nos foi ensinada pelo Cristo.

Tão-pouco estabelecemos dogmas novos, anátemas, nem solicitamos dignidade mais elevada que a de apóstolos da caridade, a qual, seja dito, ninguém pode ultrapassar.

No mundo dos Espíritos, tal como na Terra, há ignorantes, incrédulos, fanáticos, doentes vitimados dos próprios remorsos, remorsos oriundos de uma consciência perturbada.

A esses tais, é preciso levar esperanças, não maldições.

Há na Terra descrentes cujo raciocínio vos parece ir além dos limites do bom-senso; e, por isso, vós os amaldiçoais, ou, antes, os considerais malditos; entretanto, é preciso ter em conta a sua ignorância. Ao vosso planeta aportam Espíritos provenientes de mundos inferiores, os quais não têm senão o instinto da vida material, ignorando por completo o futuro espiritual que os aguarda. Eles aí chegam para serem por vós instruídos, e vós os apodais por muito quererem saber.

Assim me externando, quero referir-me a essa intolerância tão contrária à caridade, que abençoa os que estadeiam fanatismo e absolutismo; quero referir-me aos que proclamam doutrinas de maldições e calcam no terror o seu poderio; enfim, aos que promulgam sentenças em nome de Deus, como se Deus de fato as sancionasse.

Deixá-los! A punição que a si mesmos preparam, será proporcionada ao seu orgulho, enquanto que vós sereis humildes discípulos d'Aquele que abençoou e perdoou.

Ninguém poderá, na verdade, praticar boas ações sem ter o coração repleto do amor de Deus e do próximo.

Ao formarmos a Igreja do Cristo, foi-nos dito: — Ide por toda parte, onde houver um benefício a fazer; não carregueis convosco nem ouro nem prata, e fazei como vos tenho ensinado.

Foi Jesus quem nos falou assim, o Jesus que

nasceu num estábulo e não tinha, mais tarde, uma pedra em que pousasse a cabeça, mas uma cruz de martírios.

Ele, Jesus, recusou tronos e honras, mantendo-se em guarda contra as ciladas que lhe armavam, a fim de o seduzir.

E acrescentava: — Desconfiai dos hipócritas, que farão luzir aos vossos olhos o fulgor das riquezas terrestres; meu reino não é deste mundo, e os que me quiserem seguir, não deverão ter nele o olhar fito. Só os retos, desinteressados e humildes de coração, poderão atingir as altas esferas.

O Cristo também mandou embainhar a espada e dar a César o que era de César; perdoou à mulher pecadora que se rojou a seus pés, como perdoou ao ladrão que expirou a seu lado, no Calvário, e profligou com supremo desdém o orgulho e a hipocrisia. Foi Ele, sim, quem nos disse, ao caminharmos à beira-mar, buscando o alimento de cada dia: — Não vos inquieteis com o amanhã; Deus provê as avezinhas do céu, e vós que sois seus filhos haveríeis de ser menos assistidos?

A sua vida não passou de um prolongado suspiro, por isso que descortinava, nos corações que O cercavam, as fraquezas dominantes, vícios arraigados, que a sua palavra celeste mal podia destruir.

Nós mesmos, quantas vezes Lhe resistimos!

Não havíamos ainda recebido o dom do Espírito Santo, ou seja da mediunidade, que — por mudados os nomes a graça é a mesma — e, quando desprovidos da sua assistência, não deixávamos de ser maus.

Ah! quanto ganha a História em se fazer antiga! Quantos heróis desapareceriam se houvessem de ser reconhecidos! Culpados que fomos! Eu, mais que outrem, lembrando-me daquela pergunta de uma simples mulher do povo: — "conheces, acaso,

Jesus o galileu?" e da minha resposta envergonhada — não, não conheço esse homem!...

Oh! se houvesse um inferno, quem, mais que eu, o merecera?

Preciso é, pois, não desesperar nunca da misericórdia divina, nem temer a jornada pelos caminhos da fé, nem corar nunca diante dos incrédulos. Não há iniquidade que fique impune — uma vez cheia a taça, eis que o líquido transborda, esse líquido que consumiu Sodoma e Gomorra.

Se Deus consente o mal, é para que ele sirva de ponto de comparação com o bem, o qual, se fôsse único, desapareceria da Terra, por falta de inimigo a combater.

Em nosso tempo, tivemos as mesmas lutas de que sois hoje espectadores. Por pregarmos ideias liberais, independentes; por desejarmos a verdade para todos, éramos havidos por impostores.

Os escribas e fariseus de todos os tempos, se assemelham; mas Deus vela e, quando o abuso atinge o apogeu, Ele com um sopro derruba tronos e ambições, tudo o que tente oprimir consciências e torturar corações.

E' preciso recuar o olhar muitos séculos, a fim de reencontrar as pegadas do Divino Modelo da humildade, da caridade, da benevolência. Os sucessores, que através de tantas gerações quiseram violar o céu para nele distribuírem lugares a seu nuto, vão cair da sua presunçosa escalada; e os humildes acharão aquele honroso lugar de que falava o Divino Mestre nesta passagem: — Os primeiros serão os últimos e os últimos serão os primeiros.

Essas palavras tantas vezes pronunciadas das cátedras cristãs, sem serem compreendidas, serão confirmadas no seio mesmo dessa Igreja orgulhosa, que presume governar Deus a seu talante, fazendo-o co-participar das suas mesquinharias e tornando-o cúmplice obrigatório de todas as suas intrigas.

Mas, por Deus, que não será sempre assim: a verdade há-de espancar as trevas do erro; a fé esclarecida e livre romperá as grilhetas e alçar-se-á acima das ambições materiais; nós, apóstolos do Cristo, escolheremos novos sucessores da nossa tarefa entre os pobres, os humildes, os crentes...

E, a esses, lhes será dado fazer o que fazíamos, porque estarão com Deus e, por conseguinte, com o amor do seu próximo.

CAPÍTULO XXXIII

OS FRUTOS DA CARIDADE

Visitámos depois uma outra escola espiritual, em que os Espíritos pouco adiantados se entregavam a um labor assaz penoso — o cultivo de um solo árido.

Encorajavam-nos os Espíritos que os dirigiam, para não esmorecerem antes da tarefa terminada.

Ao cair da tarde, eles se reuniram para fazer modesta refeição, constante de um pedaço de pão preto e um pouco dágua turva, que lhes estancasse a sêde...

Enquanto comiam, dizia-lhes um dos diretores:

— Como trabalhadores da primeira hora, parece que suportastes todo o trabalho diário, ao rigor da canícula; e aos primeiros crepúsculos da noite cadente, interrompido por força esse trabalho, vindes comer o frugal repasto, ou, seja, um pedaço de pão negro e um pouco dágua...

Vossa fadiga e tristeza como que ainda ensombram este pobre festim...

Que se passa em vós? Podeis maldizer o chefe de família que vos enviou a esta vinha?

Não, certamente, porque é em vosso próprio benefício que trabalhais. Entretanto, como sois os artífices da vossa obra, importa que o vosso suor seja o rocio abundante que fertiliza a terra e frutifica a seara. Até que isso aconteça, dá-vos Deus o necessário, permitindo possais esperar o fruto do vosso trabblho.

De fatigados que estavam, os trabalhadores ali mesmo, no chão, se deitaram e para logo adormeceram.

Então, o Espírito que lhes falara, voltou-se para os companheiros que o secundavam naquela missão de caridade, dizendo-lhes:

— Meus amigos, enquanto os nossos protegidos repousam, trabalhemos nós outros nos seus campos, peçamos a Deus que neles lance o orvalho benéfico, que transforma em fértil o estéril terreno; plantemos com abundância, e que os frutos prontamente maturem.

E mais: que esse rego seco se encha dágua cristalina, para que ao despertar eles possam continuar o trabalho com mais coragem.

Deus nos recompensará, não só pelo que fizermos para o nosso progresso pessoal, mas também, e muito mais, pelo que fizermos em prol dos que nem sempre trilharam a boa senda.

E era então de ver-se como aqueles Espíritos meteram logo mãos à obra: qual, descobria fontes que alimentavam ribeiros; qual, espalhava fluidos sobre as árvores, fazendo-as florir e frutificar; outros, construíam tendas para abrigo dos trabalhadores, forrando-as de palhas que de leito lhes servissem.

Quando tudo ficou pronto, despertaram os que dormiam, dizendo:

— Vinde, vinde, apoiai-vos em nós e não desanimeis! pois, como vêdes, também trabalhamos na vossa seara enquanto repousáveis.

E eles, os pobres trabalhadores, lá se foram tristes, caminho do campo, mas qual não lhes foi a surpresa quando o avistaram!

Árvores vergadas ao peso dos frutos, maciças

espigas de trigo como a pedirem que as colhessem, água límpida a correr pelos valados em flor!

Então, o protetor lhes deu a cada qual um copo e eles saciaram a sêde; e colheram frutos, que saborearam, até que, finalmente, fartos e satisfeitos, se reuniram todos num grupo e, no auge da satisfação, exclamaram:

— Eis o benefício decorrente da prece pelos Espíritos sofredores, benefício que nos fizestes, apressando a nossa libertação. Abandonados às nossas próprias forças, tendo de realizar nosso progresso após uma vida indiferente, permaneceríamos longo tempo na contingência de beber água turva e comer pão duro, destinados aos que devem praticar uma longa penitência por suas faltas anteriores. Este terreno sáfaro representa a vida exclusivista que levámos, sem nos ocuparmos nem preocuparmos com o que lhe sucederia. O regato seco é a imagem dos nossos corações egoístas, e o pão negro representa fielmente as nossas preocupações materiais, petrificado como a terra.

Sim, vós nos melhorais, derramando sobre nós as liberalidades dos vossos caritativos corações, e a vontade de progredir nos é naturalmente inspirada pela felicidade que nos preparastes.

— Pois que vos deixo no meio de um campo fértil — replicou o Espírito — importa que trabalheis com afinco, a fim de não perderdes as futuras colheitas. Certo, compreendestes que o trabalho é imprescindível ao progresso do Espírito, pois a inação, em pleno ambiente de delícias, é, verdadeiramente, um apelo ao tédio.

Agora, é procurar conservar uma felicidade relativa, que contribuirá ao mesmo tempo para o vosso progresso. E nada mais.

A terra é fecunda, mas nem por isso deveremos deixá-la entregue à irregularidade das estações: é preciso semear e cultivar constantemente a planta que germina, tanto quanto regá-la na seca e preservá-la das enxurradas.

Compreendestes, em suma, que não basta haver arrancado dos vossos corações os vícios que os gangrenavam, mas, que é preciso preencher o vácuo aberto neles com a prática de boas obras e o culto das mais belas virtudes.

CAPITULO XXXIV

O SUPLÍCIO DOS SUICIDAS

Minha mãe, nós temos visitado todos os lugares tristes, nos quais permanecem os Espíritos vergados ao peso dos remorsos; ouvimos as suas recriminações amargas, bem como as súplicas nascidas do arrependimento; nada, porém, até agora, me inspirou mais espanto nem maior piedade que a tenebrosa região dos suicidas, de todos quantos atentaram contra a própria existência, arrostando com as responsabilidades decorrentes da razão e do livre arbítrio.

Meu guia conduziu-nos até junto desses infelizes, que tinham experimentado uma primeira prova, qual a de sentirem as mesmas dores físicas oriundas do gênero de suplício por eles escolhido e consumado.

Assim é que os vi debaterem-se desesperadamente debaixo dágua; vi-os de rosto congesto e violáceo, olhos esbugalhados, a balouçarem-se na corda que os estrangulava; vi-os hirtos ou em contrações horríveis, empunhando a arma que lhes rasgara o peito ou despedaçara o crânio; vi-os angustiados em pleno espaço, como projetados de grande altura para se despedaçarem sobre pedras aguçadas, de precipícios hiantes; vi-os asfixiados por gases deletérios; vi-os rasgando as próprias veias no intuito de suavizarem o desprendimento...

Vi-os, a todos, e na contemplação de tantos horrores o coração como se me rebentava dentro do peito. Dir-se-ia que os prantos e ais desses desgraçados eram a partitura real e dolorosa da agonia.

Meu guia aproximou-se no intuito de dissipar os fluidos cáusticos e pesados que originavam aqueles sofrimentos e logo as águas se evaporaram, as armas rolaram por terra, os nós constringentes se desfizeram, as cicatrizes secaram e fluidos outros, benéficos, ampararam os que se precipitavam no vácuo.

Tudo, enfim, desapareceu como por encanto sob a ação magnética do meu guia, secundada por nossas preces fervorosas.

De ver-se era, então, como aqueles infelizes abriam os olhos atônitos, despertavam como se acabassem de combater um horrível pesadelo.

Conduzidos dali a um lugar de repouso, longe de todos os quadros que lhes podiam reviver os passados sofrimentos, aí se dão conta de todas as esperanças que lhes é dado conceberem sobre o seu futuro espiritual e aprendem a estimar o valor de uma existência terrestre, cujos elos só podem ser quebrados pelo Criador, sob pena de homicídio voluntário, que a tanto equivale o suicídio.

Não acrediteis, entretanto, que sejam culpados todos os que sucumbem dessa maneira, pois a maior parte morre subjugada por uma influência estranha, premidos, obsidiados intimamente por uma vontade tenaz, que lhes não dá trégua nem repouso.

No fundo, trata-se de maus Espíritos que exercem vinganças, estimulados na maioria dos casos pelo ciúme, convictos de que, em arrastar as suas vítimas ao suicídio, poderão dominá-las ou possuí-las inteiramente.

Se é verdade que muitas desgraçadas criaturas sucumbem a essas obsessões, não é menos verdade que Deus tem para os fracos infinita misericórdia.

Há uma outra espécie de suicidas, que parece menos culpada aos olhos dos homens, e que, no entanto, o é muitíssimo perante a justiça divina — é a dos que malbaratam a saúde em toda a sorte de extravagâncias e morrem das consequências dos seus excessos.

Esses tais, no mundo espiritual, sofrem a pena de talião, tanto mais terrível para eles, quanto infringiram as leis da temperança.

Apesar disso, muitos há que ainda procuram a satisfação de seus desejos pecaminosos, de parceria com os encarnados, nos quais descobrem tendências afins e, quando estes últimos são assaz fracos para se corrigirem (sobretudo se se deixam levar pela embriaguez), aqueles os dominam inteiramente, fazendo deles verdadeiros fantoches.

As palavras incoerentes do ébrio são o efeito de um vil diálogo entre dois seres disputando-se uma propriedade para manifestações de cólera e grosserias; e o corpo não passa, no caso, de estreita enxovia na qual se entrechocam todos os vícios, e da qual extravasam de mistura, como de um pântano mefítico, os fluidos que alimentam a vida e que devem regular a saúde.

Essa espécie de obsessão é tanto mais deplorável, quanto não pode ser combatida por aquele que a suporta.

E porque a vítima encontre de si mesma uma tal ou qual satisfação passageira nesse estado, dia a dia se vai enleando mais na cadeia que a constringe. O seu dever, porém, é lutar enquanto possui as duas armas — razão e livre arbítrio — mesmo porque, minado o organismo, essa luta é impossível.

Deus poderia, na sua onisciência, impedir essas

obsessões e subjugações, e, se o não faz, é porque os encarnados precisam apurar sua energia contra o mal, tanto mais evidente quanto os excessos que dele decorrem levam à ruína e à vergonha.

De resto, são eles julgados também pela sociedade, testemunha obrigada das suas orgias, que estigmatiza todos os atos voluntários que aproximam o homem do bruto.

Grandes provações são reservadas a quantos sonegam os benefícios imanentes de uma inteligência bem dotada: terão, em reencarnaçõs ulteriores, de sofrer do embotamento das faculdades intelectuais, lutarão com as necessidades mais essenciais à vida; a miséria será a sua perpétua companheira e eles mesmos o joguete do populacho, que procurará estimular-lhes a cólera dos idiotas, tão semelhante à dos bêbedos.

E dar-se-ão de sobejo, constantemente, à risota e ao ridículo de seres vis e abjetos, tais como eles próprios o foram no passado.

Este gênero de obsessão há-de acabar quando o homem souber preencher as suas horas vagas com distrações inteligentemente honestas, compreendendo melhor os seus deveres para com a família e a sociedade, entregando-se devotadamente ao trabalho que lhe prescreve a posse dos seus direitos, e não à degradação que o nivela ao animal irracional, pois o fato é que os Espíritos perigosos jamais se aproximam dos homens cônscios da sua dignidade.

Mas, quando os homens de bem conhecerem as leis que encadeiam todos os seres, então encontrarão no magnetismo e na prece a força para afastar de suas vítimas os maus Espíritos, que sob a ação dos seus fluidos ímpuros lhes paralisam a inteligência, confundem as ideias, inspíram o desespero e levam, muitas vezes, ao suicídio.

CAPITULO XXXV

A SENHORA MARCEL NO MUNDO DOS ESPÍRITOS

Havia já algum tempo que a senhora Marcel experimentava emoções mais vivas, à medida que se ia identificando progressivamente com aquela vida sobrenatural, que era ao mesmo tempo a sua única ventura.

Todos os dias, após a entrevista habitual, era certo cair numa espécie de sonolência estranha, à qual se abandonava confiante, enquanto Ludovico, por sua vez, gozava os benefícios de um sono tranquilo.

A boa senhora nutria a doce esperança de obter aquele precioso dom de que tantas vezes lhe falava o filho nas suas últimas dissertações espirituais.

Após um momento de piedosa concentração, ela via desaparecer insensìvelmente todos os objetos materiais que, para as pessoas dotadas de visão dupla, se tornam tão penosa distração no momento de se concentrarem, quando em triste realidade se transformam ao despertarem.

A senhora Marcel viu, a princípio, nas primeiras experiências, uma intensa claridade na qual se formavam sombras, que desapareciam logo sem que ela pudesse delinear-lhes as formas.

Compreendeu que talvez as suas emoções e surpresas contribuíssem para desfazer as combinações fluídicas tão essenciais aos Espíritos que querem tornar-se visíveis, e procurou reprimir todos os impulsos de sua alma, pois desejava prolongar os preciosos momentos da companhia de seu filho, sobre cuja duração não ousava, seja dito, fundar sólidas esperanças.

Desejava e pedia, instantemente, poder continuar mais tarde aqueles colóquios tão caros ao seu coração de mãe, queria acompanhar o filho no espaço e gozar da felicidade dele ao encontrar Maria.

Queria, igualmente, poder confabular com o esposo, consolá-lo, ajudá-lo no seu progresso.

Todos esses desejos avultavam naquela alma ardente e enérgica, que buscava de antemão os materiais necessários a preencher o vácuo do futuro que se lhe antolhava.

Sim, porque era a consolação que ela buscava, pela dor que antevia.

E foi assim, dominada por essa resolução, que pôde gradualmente contemplar mais nítidos os quadros que se formavam em vastos horizontes.

Um dia, quase soltou um brado de dor e de surpresa; mas presto o abafou, receando se desfizesse a visão esboçada.

Viu o Espírito do filho, de pé, encostado a enorme rochedo, que assinalava como que o marco de duas estradas.

Ludovico tinha a cabeça apoiada em uma das mãos e o seu olhar, cheio de tristeza, procurava em todos os sentidos alguma coisa esperada com viva impaciência. Ele falava e orava ao mesmo tempo, mas nessa linguagem só compreendida pelos Espíritos e pelos encarnados durante os momentos de emancipação da alma.

A senhora Marcel, por um supremo esforço, atingiu um alto grau de desprendimento, sem dúvida provocado pela inquietude que lhe inspirava o Espírito do filho, cujo corpo ali jazia passivamente a seu lado, e foi por isso que pôde ouvir o que dizia o filho, palavras que ela recolhia àvidamente e que começaram por uma lamentação:

— Só! E como tarda o meu guia! A solidão intimida o meu Espírito ainda tão fraco... Entretanto, que tenho eu a temer?

Vãos temores que me assaltavam, esse bom guia os desvaneceu, ao mesmo tempo que me incutia coragem e novas esperanças.

Decididamente — eu o sinto — breve deixarei de pertencer ao número dos encarnados; os laços que incessantemente me aproximam do corpo serão destruídos...

E com que legítima impaciência, meu Deus, aguardo a hora bendita desse desprendimento!

Liberdade! oh santa liberdade! palavra mágica que faz vibrar todas as fibras de minha alma, que energia me emprestarás no voo para Maria!...

Quando penso que ainda hei-de rever o seu formoso semblante, ouvir-lhe a meiga voz e com ela habitar amenos sítios bem longe da Terra, onde nada perturbe a nossa solitude... jamais nos separarmos... oh! ventura inaudita!

Sim, de certo, porque nesse caso não buscarei outras esferas que não as que ela habitar e toda a eternidade poderá passar pelo nosso amor sem alterá-lo, nem dar causa a outros desejos!

Depois, erguendo a fronte num gesto de nobre energia, ei-lo que troca a lamentação por vivo sentimento, e brada:

— Deus, que digo! Pois não estou deixando empolgar-me pelo egoísmo de uma felicidade só minha? Ingrato que sou: regozijar-me em abandonar a Terra, quando ali deixo mãe e uma filha adoradas! Maria é bastante abnegada, bastante amorosa para se não dar por esquecida a uma ventura estéril!

De resto, a felicidade requer atividade; e desde que ela se concentre no seu egoísmo, para logo se corrompe, enfraquece e extingue o vigor das faculdades espirituais, sem o qual não pode a alma gozar nenhuma emoção de amor nem de esperanças novas.

E meu pai? Poderia eu abandoná-lo covardemente? a ele que tão pouco fruiu ainda da ventura de encontrar em mim um filho dedicado e um guia fiel? Como admitir que o meu dever estaria cabalmente cumprido em o tirar de um isolamento para o deixar num isolamento ainda maior?

Não! E se novas provações me estão reservadas, quero antes submeter-me a elas corajosamente, na convicção de bem as haver merecido.

A Eternidade é rica de maravilhas, alça-se ao infinito levando a todos os mundos a esperança e a felicidade, ao passo que o Tempo paira à superfície da Terra como nuvem prenhe de tempestades, rugindo incessante, marcando os tristes momentos concedidos aos mortais e levando de roldão quanto encontra na sua passagem e tenta entravar-lhe a marcha veloz e triunfante.

Verdugo que fere indistintamente as suas vítimas, foge e volta depois, sem tréguas, a rondar esse pobre globo, descrevendo um círculo infinito para de novo as ferir e depurar sob o látego ardente.

Mas no mundo espiritual não há vítimas tais do Tempo. A Eternidade o transforma em silêncio, sustando o pêndulo que marca as horas, apagando a linha que traça os dias, os anos e os séculos, o que faz o terror dos Espíritos acabrunhados pelo remorso, uma vez que ela guarda concomitante e fielmente o segredo de duração das provas.

Aos Espíritos superiores ela diz: — Não tendes mais necessidade do tempo para combinar as vossas ações, uma vez que a sabedoria vos inspira e as duas vias únicas a trilhar vos estão abertas sem barreiras nem tropeços: uma sobe, sobe sempre para mundos superiores, de novas maravilhas e novas verdades a descobrir; e quanto mais a percorrerdes, mais amplos horizontes se vos dilatarão — e é eterna! A outra é um plano suave, que desce para a Terra e para todos os mundos nos quais os sofrimentos reclamam a caridade.

A presteza dos nossos pensamentos e dos nossos atos suprime todo o cálculo de tempo. Sentindo na atividade a própria vida, o Tempo não nos atingirá no meio das nossas preocupações, não nos dará sinal da sua passagem, antes se afastará para não obumbrar a luz que nos esclarece, no intuito de reparar o mal que ele, o Tempo, produz na obscuridade.

Sois vós, Espíritos celestes, que vindes levantar o ânimo dos que languescem ao peso dos anos; sois vós que afastais dos encarnados as sombras terríficas que os cercam no mortuário leito e tanto perturbam os seus últimos momentos; sois vós que recebeis as almas dos moribundos, quando elas franqueiam os pórticos da espiritualidade, deixando na Terra o corpo enregelado pela ação do Tempo.

Não, não quero mais deixar-me avassalar por essas efêmeras tristezas, cuja origem residirá nos frágeis liames que ainda me prendem ao corpo. Depois, verdade é que já me posso considerar um habitante do mundo espiritual, e o Tempo não me deve mais que um sopro, suficiente para quebrar o fio tênue da minha cadeia.

Não quero mais lamentar a minha solidão, indubitàvelmente necessária, e nela permanecerei séculos se tanto for preciso, para obter a minha liberdade!...

Terei fixo o olhar nestas duas rotas... De qualquer lado me virá a libertação e, com ela, Maria, em cujos braços me lançarei...

Mas, que pensará minha mãe? A hora da entrevista já lá foi e, no entanto, é-me impossível sair deste sítio, retido por laços desconhecidos, indefiníveis...

Deus! como isto tudo me comove... Que estará para acontecer?

E em dizê-lo, arfante o seio, seu olhar perscrutava em todos os sentidos, como buscando o ser que ele pressentia, até que se aproximou um Espírito...

— Minha mãe, minha mãe, tu aqui! E minha filha? e meu pai? — Ah! compreendo... Num impulso de amor vieste a mim, como que sentindo as tristezas de minhalma...

Também tu, mãe querida, mãe devotada, enfraqueceste os tentáculos da carne para gozar um pouco da liberdade!

Mas, estás muda de admiração! Oh! prouvera a Deus pudesses vir diàriamente até aqui!...

Como se me torna fácil o falar-te assim, desobrigado de imprimir aos órgãos materiais os pensamentos que me brotam dalma!

Que superabundância de vida, esta, quando temos o espírito inteiramente livre!

Vem, pois, minha mãe, vem diàriamente, se te for permitido, refazer-te das tuas fadigas, dos teus sofrimentos, das tuas angústias!

Mas, responde-me, por Deus! — não te deixes dominar por tanta alegria!

— Deus! — exclama aquela mãe venturosa —

permite-me conservar além a lembrança desta felicidade...

E deixando escapar do peito um longo gemido, abriu os olhos e pôs-se a examinar a sua pobre choupana.

Depois, de um salto, levantou-se e correu para junto do filho calmamente adormecido, cobrindo-lhe a fronte pálida de beijos e de lágrimas.

CAPÍTULO XXXVI

A SENHORA MARCEL NO MUNDO DOS ESPÍRITOS

(Continuação)

A senhora Marcel experimentou por algumas horas grande fadiga, os membros lassos, calafrios que lhe percorriam o corpo, causando-lhe sensação de duchas geladas. Orou, pedindo repouso, no intuito de coordenar e classificar as suas ideias.

Com a calma as recordações se avivaram, o Espírito retomou conta dos órgãos e a fadiga desapareceu.

Então, penetrada de um bem-estar indefinível, apreciava devidamente o dom que lhe fora concedido.

— Meu Deus! — exclama no auge do seu reconhecimento — descerraste finalmente, para mim, o véu que escondia os tesouros da imortalidade! Escutaste as minhas preces, sim, porque viste as angústias do meu coração!

Com todas as riquezas da Terra não se adquiriria um tal favor, que só a fé e o amor atraem e conservam. Obrigada, mil vezes obrigada, pois que no mundo nada maior se pode desejar!

Agora a vida me aparece como uma quimera, um sonho enganador, em meio do qual os homens se agitam, até o momento de esbarrarem na lousa de um túmulo.

E todos, sem exceção, marcham numa estrada ladeada de precipícios, aos quais acabam por lançar-se, sem que a queda dos primeiros sustenha o curso desordenado dos que os seguem.

As provas por que hei passado me desligaram forçosamente deste mundo tumultuoso, gemi ao peso do próprio infortúnio, derramei lágrimas sobre o pão negro da miséria; mas, agora, bendigo essa horrenda tempestade que me atirou para esta ilha afortunada, na qual descubro tantos tesouros.

Mas, ampara-me, oh Deus! ampara-me sempre, sobretudo quando haja a morte de dar o golpe que prevejo na sua mão ameaçadora, a descer insensìvelmente e lentamente sobre o corpo de meu filho!

Ela o roça já com o seu sopro destruidor, e são os olhos que se lhe afundam nas órbitas, e é a palidez mortal que lhe invade o semblante; a lentidão do pulso, a rigidez dos membros, todo esse declínio sombrio de um sombrio crepúsculo. Dia e noite o meu olhar o espreita, olhar de mãe que quer recolher o seu derradeiro suspiro, conservar a expressão do seu último olhar.

E apesar da alegria de que me sinto possuída, tremo à perspectiva desse momento, pois ouvi o seu lamento e sei que sofre.

Ele pede justamente o que receio; entretanto, amo-o bastante para derramar lágrimas pela sua felicidade!

Meu Deus, que se faça a tua vontade!...

Depois desta súplica, a senhora Marcel ergueu-se mais forte e resignada, ansiosa para confabular com o filho e saber se também ele conservara a lembrança do que ocorrera.

Ministrando-lhe a beberagem habitual, chamou-o docemente sem obter resposta; insistiu com mais energia e o resultado foi igualmente nulo...

Então, receosa de provocar qualquer desordem naquela natureza tão delicada, resolveu esperar.

No dia seguinte, como na véspera, nenhum resultado obteve, mas, em compensação, começou a sentir de novo os langores da sonolência e pôde observar o trabalho que o Espírito opera quando se desprende do corpo; — pequenos estremecimentos acompanhados de tremores, perturbação progressiva, até que as sensações corporais decresçam e o Espírito se reconheça libertado.

O Espírito da senhora Marcel, em tal condição, foi logo atraído para junto do filho, que se encontrava no mesmo lugar e na mesma posição em que ela o vira da primeira vez.

Sempre só, a sua atitude era a de quem a esperava.

— Oh! minha mãe — exclamou ao vê-la — foi em vão que na Terra me esperaste, posto que me fôsse dado ver daqui os inúteis esforços que fazias para atrair-me. Entretanto, era-me impossível corresponder ao apelo, tal como outrora.

Fraquíssimo, na verdade, tornou-se aquele corpo para que continue a servir-me dele, e o mínimo esforço, o mais ligeiro sopro poderia quebrar o fio tênue da vida que ainda o anima.

E o mesmo se daria se eu me afastasse deste lugar. Não tens deixado de observar a alteração diária por que passou o dito invólucro, à medida que a vitalidade doce e suavemente o abandona. Pois bem: em breve ele será um mero despojo, um cadáver!...

Não te acabrunhes, porém, e antes de pensar na dor da separação, lembra-te do bálsamo que há-de acalmá-la.

Ao corpo, triste lembrança das minhas fraquezas, deixa-o partir sem penas nem lágrimas!

Exulta antes, já que obtiveste o direito de ingresso na pátria celeste, aonde virás, dia a dia, reparar as forças exauridas nos sofrimentos e preocupações da vida terrena.

Gozarás, desse modo, da nossa ventura, que será mesmo maior com a tua presença, e juntos seremos os arautos da esperança visitando os mundos desolados, que tantas vezes te descrevi.

Meu pai, também ele, encontrará em nós uma nova fonte de estímulos para completar a sua regeneração.

Para a Terra havemos de ser igualmente atraídos, pela presença de minha filha, cujos pensamentos leremos juntos, tratando tu com materna mão de arredar os perigos que possam ameaçá-la.

Não te iludas, minha mãe, porque a tua tarefa ainda não está concluída; e quando já não tiveres diante de ti o triste espetáculo daquele corpo ao qual tributas uma espécie de veneração, reata o fio interrompido da tua missão.

A confiança que tão justamente inspiras à vizinhança, permitirá que a todos instruas nestas verdades que se te revelam; poderás estabelecer naquela região paupérrima um pequeno mundo isento de influências nocivas e apaixonadas.

E note-se que o terreno já está preparado, pois com a retidão dos teus ensinos destruíste o germe do fanatismo, afastaste das almas a ignorância, depositando nelas uma semente de verdade.

Os teus discípulos serão uma nova família, em cujo meio serás querida e respeitada, e diàriamente eles, os rudes trabalhadores, virão sentar-se à tua lareira, para ouvirem comovidos, dos teus lábios, a narrativa das nossas excursões no espaço.

Entre eles ainda acharás, mais tarde, intérpretes fiéis, escolhidos pelos Espíritos para transmitirem consolações e conselhos dos seus parentes desencarnados, de modo a não ser a sua partida um motivo de tristeza.

Cada qual procurará primar na conduta, modificar o caráter, no intuito de não molestar os que lhe foram caros na Terra, seres cuja presença exerce sempre salutares efeitos sobre as almas piedosas.

Dessarte, não deixarás de prezar a vida, presenceando o fruto do teu trabalho, visto que só um coração insensível ou desalentado pode entregar-se à indiferença, blasfemar da sorte na dor que experimenta.

Mortais que desfaleceis na Terra, tentai empreendimentos úteis à posteridade, se quiserdes gozar na Terra alguns instantes de felicidade!

Só assim o transcurso dos anos vos será mais suave, os vossos minutos poderão mesmo tornar-se preciosos.

A atividade do bem cobre de flores o pedregoso e aspérrimo caminho da vida e o perfume dessas flores como que vos isolará das emanações mefíticas dos pântanos sociais.

Lembrai-vos, sobretudo, de que as vossas obras vos acompanham, formadas dos vossos próprios pensamentos.

O vosso exemplo, a vossa conduta, jamais deixam de exercer uma certa influência em quantos vos conheceram, concretizando ao mesmo tempo o plano de vossa vida no mundo espiritual.

— Oh! meu filho, quando, pois, me será dado contemplar das infinitas alturas essa Terra na qual ainda peno? Quando poderei ver os encarnados prestarem atenção às vozes celestes, olhos abertos a essa doce luz?

Preciosos, os momentos em que aqui permaneço!

Bem o sinto, que não devo guardar apenas

para mim os benefícios desta faculdade, o que importaria receio de demonstrar a verdade na plenitude do seu triunfo.

Sim, hei-de encorajar os timoratos, e praza a Deus possa implantar entre eles os princípios desta doutrina tão velha quanto o mundo, mas, na verdade, escondida sob as ruínas de vários séculos de erros e despotismos.

E como progrediria célere esse pequeno globo, se os seus habitantes o alevantassem na conduta de uma fé sincera!

Provàvelmente, assinar-lhe-iam uma posição capaz de pô-lo em contacto com a atmosfera dos mundos purificados; entretanto, para dar o primeiro impulso ascensional, são precisas almas fortes, corações sinceros, pulsos de aço, que cortem com mão firme os cabos que o retêm sòlidamente fixado no fundo abismo da iniquidade e da hipocrisia.

Grande empresa extreme de nugas, importa destemer e trabalhar nela isolado, a princípio, pois na multidão espectante já haverá homens dispostos a secundá-la, e outros virão suceder-lhes progressivamente, até que se revele assaz adiantada para provar aos tímidos e aos indiferentes que tudo é possível quando se trabalha com unidade de vistas em proveito da Humanidade.

— Minha mãe, o homem é, simultâneamente, tão pusilânime e tão orgulhoso, que teme enveredar pelas grandes sendas do desconhecido; é assim que teme o ridículo dos tolos e a incerteza de triunfo nos primeiros passos chega a paralisá-lo inteiramente.

Não obstante, impacienta-se, quer a todo o transe prevenir o futuro e antecipar-se ao Tempo, até com os projetos que forma sobre os limites consignados pela morte. A esta, não prevê e teme-a, chegando a nada gozar ante a ambição que não cessa.

A criança, nas suas infantilidades, que procura sacar sobre o futuro, querendo representar o papel de um homem, mais tarde, na juventude quem diz que se contenta com os encantos dessa fase? — contempla com indiferença a flor efêmera concebida pelo Tempo, a única que ele porventura produz na Terra, e depois, bem a flor não desabrochou, já lhe deseja o fruto...

Formado este, ei-lo pendido para o solo, tristemente, o solo que o recebe e onde apodrece!

Nada escapa ao gládio da morte: ele fere muitas vezes a criança, rosada e sorridente, no seio materno, de preferência ao velho curvado ao peso dos anos...

E a criança, como a flor mimosa das campinas, retrai as folhinhas e fecha o cálice, ao golpe da foice inconsciente.

Nem a criança nem a flor prevêm o seu fim...

Mas, porque há-de o homem querer sobrepujar o Tempo, quando tem diante dos olhos o túmulo entreaberto?

Ah! é que ele tem dentro de si dois elementos que incessantemente se combatem, e em primeiro lugar está o que alimenta a sua vida animal. Os direitos que reclama são imperiosos e prementes, e muitas vezes subjugam e arrastam o segundo elemento — aquele que ultrapassa o Tempo, derrubando quantos obstáculos se lhe opõem ao surto, a divina essência da imortalidade!

Esta, agita-se na sua estreita masmorra, quereria rasgar com as próprias asas o tecido espesso que a envolve e constringe, para plainar no infinito e poder ler as páginas do seu passado, como do seu futuro.

E enquanto o seu companheiro de presídio se

agarra à vida, ela, a alma, conta com impaciência os dias e as noites que a separam da liberdade. Inquieta-se pouco com os passageiros gozos da juventude e com as seduções da beleza, regozijando-se mesmo com o encanecimento, com a velhice, assinalando com satisfeito sorriso cada ruga profunda que lhe sulca a fronte. E mais: apraz-lhe cerrar uma a uma as faculdades intelectuais, sentindo, enquanto o corpo geme ao guante das enfermidades — fremirem e desdobrarem-se as asas ao sopro vivificante da esperança.

Agora, minha mãe, compreendes a grandeza dos humanos destinos, por isso que te encontras em plena espiritualidade!

Mas, repara também o reverso da medalha, isto é, vê quão mais vis se nos antolham, deste plano, as humanas baixezas!

O homem é um ser incompreensível, como se Deus o formasse de todas as substâncias espalhadas no âmbito da Criação.

De fato, ele reúne em si as aspirações do anjo e os mais abjetos instintos animais; seu corpo contém, simultâneamente, venenos nos quais encontra a morte e princípios salutares, que lhe propiciam saúde e vida.

Parece que Deus disse ao homem: — Possuis em ti, contigo, tudo quanto a minha onipotência vivificou; escolhe, por conseguinte, o bom ou o mau, a fim de progredires pelo próprio esforço, ou, antes, transforma o que houver de mau, pois que do mal resulta o bem, se do mal analisares a substância.

Efetivamente, Deus não criou o mal; a ignorância, sòmente, é que o gera. Desde que o homem estude a Natureza com a ciência, a discreta aliada da Criação, o mal deixará de existir.

Doenças e flagelos, que constituem hoje o patrimônio da Humanidade, têm na própria Natureza o seu remédio; mas para conhecê-lo se fazem precisos tempo e trabalho, visto que os segredos da Natureza — dama avara e discreta — só se revelam aos que os procuram com abnegação e critério.

Os sofrimentos humanos lhe inspiram compaixão e ela guarda no seio todos os remédios capazes de curá-los. Muitos dos seus tesouros, já os revelou, tesouros antes malsinados, por desconhecidos.

Assim, os homens deploraram por longo tempo os acidentes da eletricidade, antes de poderem empregá-la como mensageira do pensamento de um a outro continente, ou ainda como rápido meio de transporte para os próprios homens.

Antes que lhe descobrissem a aplicação, o vapor permaneceu longos anos desaproveitado para o homem. Igualmente, por longos anos se supôs que o Sol apenas se destinava a dar luz e a sazonar frutos, sem suspeitar que ele encerra no seu âmbito a imagem de tudo o que existe. Esse mesmo Sol ainda reserva muitas surpresas ao estudioso que buscar na sua luz todas as maravilhas que ele contém.

A ciência deve regenerar o mundo, uma vez que ela possui as chaves dos tesouros da Natureza.

Deusa de porte airoso e flexível, curva-se infatigável sobre a Terra e perscruta-lhe todas as harmonias, para erguer-se depois, sublime e majestosa, mergulhar a fronte no céu e, para além das nuvens, chegar ao campo florido das estrelas.

E daí, calculando-lhes as distâncias, analisando-lhes a atmosfera, não tardará chegar ao conhecimento da natureza dos seus respectivos habitantes.

Depois, descendo novamente das alturas, mergulhará nos oceanos, afrontará as tempestades, facultará aos viajantes um magnífico futuro, construindo navios que mais deslizarão do que singrarão as águas.

A ciência dominará os elementos, relegará os temores e os perigos para o mundo das quimeras, que guarda todos os que ela tem vencido.

Depois, sobre um leito alvo e macio, a ciência dará repouso à Humanidade ofegante e exausta, banhando-a de fluidos embalsamados e tonificantes.

E há-de ser com desdém que repelirá as pinças e escalpelos, mostrando aos discípulos o mecanismo do corpo humano não mais através de cadáveres, mas de organismos palpitantes de vida, para surpreender-lhes todos os segredos.

E não tardará, por sua vez, o desaparecimento desses campos desolados, cobertos de túmulos sombreados e de ciprestes; o corpo humano não será destinado à putrefação, a pasto vil de vermes nauseabundos, porque as suas cinzas hão-de ser piedosamente recolhidas em urnas, e estas preciosamente guardadas no santuário da família (*).

A ciência porfia em agilidade com o tempo, como querendo escravizá-lo. Perseguindo-o no seu curso rápido, procura sequestrar os flagelos que ele semeia no seu caminho. Desafia-o com as suas descobertas engenhosas e o Tempo, vendo-se atingido, descarrega o lastro no intuito de aligeirar o voo.

Eis porque ele abate cegamente as vítimas, fazendo-as cambalear de fraqueza.

(*) A autora, aqui, parece ser partidária da cremação. Trata-se, evidentemente, de uma opinião, pessoal, pois os Espíritos até agora não se manifestaram definida e definitivamente a respeito. — *Nota do Tradutor*.

Mas a ciência vem, toca-as com a sua vara mágica, fá-las erguerem-se e diz-lhes: — Apressai-vos a reencetar a tarefa na pesquisa da felicidade, se não quereis que o Tempo vos trespasse com as suas flechas envenenadas.

Sim, minha mãe! a ciência alevanta o globo terrestre para a imortalidade, e a Terra ultrapassará o domínio do Tempo.

E este, o Tempo, tristemente apoiado na sua aparência enganadora, encolherá as asas e aguardará outro globo, que a seu turno se graduará, vindo a apoiar-se no antigo eixo da Terra, a girar igualmente, por séculos e séculos.

Então, o tempo levantará o voo em torno dos seus quícios e passará a distribuir aos habitantes, lentamente, a parte de dias e anos que lhes forem prescritos, até que a ciência venha de novo ativar o seu curso e desvendar a essa outra Humanidade os tesouros do seu planeta.

CAPÍTULO XXXVII

ESPÍRITO E MATÉRIA

Pobre despojo de uma alma pura! — disse a senhora Marcel abraçando o corpo do filho adormecido.

E agora que me foi dado ver algo além da Terra, como se me torna fácil conhecer esta dupla natureza, pensando na viva inteligência que te animou!

Foste tu que eu carreguei nas entranhas, carne da minha carne; por ti as minhas vigílias, os meus cuidados...

E quantas vezes enxuguei teu pranto infantil, enquanto esta mesma tua boca me cobria de beijos!

Feliz mãe, que sou! Era em ti que fundava as minhas mais belas esperanças; porém, mais tarde, depois que o coração te palpitou no mais legítimo dos amores, vi novamente as lágrimas te sulcarem a face pálida e adivinhava, ou, antes, compreendia as tuas emoções, porque elas se refletiam no teu semblante, espelho fiel dos pensamentos.

E dizer que há bem poucos dias ainda te ouvia a voz, me apertavas a mão! E agora? Agora, aí estás atirado, coração pulsante ainda, mas insensível ao meu amor!

O sangue apenas, no seu movimento natural, o dilata regularmente, como o curso da corrente contínua que fizesse girar a roda de um moinho em ruínas.

Emoção alguma seria capaz de precipitar essas pulsações e, sem embargo da vida que ainda te resta, não te atinge a dor, não te assusta o perigo, nenhum brado de alarma te despertaria, te levantaria desse leito. Morresse eu a teu lado, alucinada; tua filha louca, a casa em chamas, nada, absolutamente nada, te arrancaria desse torpor!

E à vista disso, quem pode duvidar um só momento da imortalidade? Quem ousaria ainda pronunciar a palavra **nada**?

Que me venham então dizer e provar o que fica sendo meu filho: se este corpo com vida, mas privado de inteligência, ou o ser inteligente que o animou temporàriamente e o qual posso rever a cada dia!...

Materialistas, aproximai-vos e dizei-me onde pairam os pensamentos e desejos que abandonaram este corpo?

Aniquilados com a ação do sangue? Mas este continua a circular e aquecer o corpo, cujos membros também conservam a mesma elasticidade.

Pela respiração normal, continua a permuta de fluidos que entretêm a vida orgânica; numa palavra, o mecanismo funciona como outrora!

Se a flor renasce do grão que lhe encerra o germe, porque haveria o homem de ser menos favorecido do que a semente, que abriga sobre o seu frágil invólucro um germe que renasce incessantemente?

Porque a morte aparente do inseto no seio da terra, aguardando um raio de Sol que lhe reaqueça a sepultura e lhe dê forças para varar a crosta espessa e librar-se, radiante, nessa mesma luz que lhe deu a vida?

Pois não nos fala tudo da imortalidade? Se

até o inseto a pressente no seu instinto, como haveria de ser o homem o único a duvidar dela? Demais, isso seria não dar o menor apreço às qualidades que lhe exornam a alma. Os predicados da inteligência, o patrimônio do saber, adquiridos mercê de tantos esforços, como poderiam extinguir-se com o corpo?

E o amor? Deve também aniquilar-se? Ah! que se eu não acreditasse na sobrevivência da alma, morreria de dor no momento em que o derradeiro suspiro se escapasse desse peito!

Mas, por Deus, que saberei suportar esse transe corajosamente, agora que sei onde encontrar essa inteligência, essas virtudes que me tornam este filho tão caro, filho cujo amor cresce com a vida livre do espaço.

Pobre corpo! Sobre ti foi que derramei todas as carícias e, no entanto, aí estás agora incensível à minha dor!

Vives ainda do meu zelo, do meu amor, mas dentro em breve não haverá forças que te retenham junto a mim.

Mas, de qualquer modo, amo-te sempre, precioso amálgama de argila, obra-prima do Criador, mecanismo perfeito que transmite fielmente as sensações da alma, os pensamentos da inteligência, os sentimentos do coração!

Escravo obediente e passivo de todos os impulsos do Espírito, sofres com paciência as suas exigências e recebes o contra-choque dos seus pesares.

Intérprete dos seus pensamentos, és tu quem os traduz em fatos, na mão que se estende para dar a esmola, ou no balbucio das palavras de consolo e de paz.

E' por ti também que o Espírito supera as provas, servindo-lhe tu de pedestal de acesso para um mundo melhor.

Em o privares das delícias da liberdade, tu lhe estimulas mais o desejo de alcançá-la inteira e plena, e é por ti que ele adquire a esperança de atingir os seus altos destinos.

Finalmente, sagrado invólucro, tu abrigas os laços da família e não só os abrigas como os perpetuas e renovas.

Como Deus é pródigo de graças quando permite, como neste caso, que se destrua sem abalo nem pesares essa obra perfeita da sua mão onipotente!

CAPITULO XXXVIII

A MISSÃO DA RELIGIÃO

O' minha mãe, com que impaciência aqui me conservo retido, olhos alternadamente postos nestas duas rotas: uma pela qual vens a mim e a outra ainda deserta, pela qual, espero, há-de vir a minha libertação; uma que vem da Terra, outra que ascende a esferas superiores.

Como é solene esta solidão e como me predispõe ela favoràvelmente para a felicidade futura!

Demais, permitiu Deus que de mim te aproximasses e a serenidade dos nossos corações preencheu o vácuo do isolamento.

A alma em paz é tão vasta que pode conter mais pensamentos do que criações materiais o Universo.

E assim é de fato, porque ela abrange ao mesmo tempo céus e terra e, quanto mais pensa, mais se instrui e se eleva no infinito.

Em tese, a alma parece não ter limites; mas a verdade é que o Espírito atrasado, vicioso, como que se restringe a um círculo mesquinho e chega ao ponto de não mais sair dos limites da carne, triste, sombrio cárcere que tem por gelosias o egoísmo e o tédio.

Lembra-te, pois, minha mãe, sobretudo quando baixares à Terra — de quanto aqui vês, para que a verdade lá te assista.

— Mas, filho meu, porque há-de a mentira imperar na Terra? Para que ocultar no ambiente corrupto desse mundo as puras sensações que deslumbram a alma, quando a verdade em si contém igual dose de consolações e de amor?

— E' que o coração dos homens ainda não está suficientemente purificado para compreender essa verdade, prazendo-lhe ser enganado e enganar-se a si próprio.

Nem, de resto, no mundo, suportaria a intensidade do seu brilho pleno! A visões fracas, dosadas luzes, e o homem prefere ser enganado, forrando-se à pena de pensar e discernir.

Como é preguiçoso o espírito humano sempre que não encontra nos seus estudos uma solução pronta e evidente!

E, no entanto, as verdades espirituais que interessam a consciência do futuro, os destinos humanos, essas, em serem pressentidas, não são abordadas.

Pois se Deus não houve por bem insculpir no código da Humanidade outros preceitos além dos de amor e caridade, é que Ele quis deixar livre ao homem a tarefa de rodear essas duas palavras de todas as virtudes delas decorrentes, e que lhes sirvam de cortejo.

Ao homem, o encargo de completar o quadro regulador da sua vida, conforme as aspirações do seu coração, mantendo-se entre as duas linhas paralelas sem romper uma só, porquanto tal rompimento importaria no seu afastamento de Deus.

Foram precisamente os falsos princípios, impostos às consciências, que romperam os laços da fé e da caridade, perdendo a religião nas suas relações com a divindade, de sorte a se constituir apenas um foco de cizânias e ódios sangrentos.

Desamparada, desde que se submeteu aos caprichos dos homens, que a transformaram bem depressa e poluíram os pensamentos, as inspirações mais puras, ao tumultuoso contacto das paixões que os impelem.

A Religião! Mas eu vejo-a como um anjo à

Terra baixado para pô-la em comunicação com os céus, para consolar os mortais e desenvolver neles os desejos de eterna felicidade!

Esse anjo não pedia para abrigo mais que corações, nos quais pudesse derramar confortos e esperanças, que eram o seu provido patrimônio: pedia fôsse o amparo dos fracos e a providência dos deserdados da sorte; queria caminhar na vanguarda dessa turba que se comprime tresmalhada para a abater, cedo ou tarde, no abismo da desonra; pretendia, finalmente, bradar aos opulentos e felizes: — **secundai-me com o supérfluo do que possuís, a fim de minorar os sofrimentos dos vossos irmãos!**

Mas não! essa filha do céu não encontrou na Terra senão ambiciosos culpados, que lhe arrancaram uma a uma as plumas das suas asas, para que não pudesse mais voar para Deus, depois de manietá-la de toda sorte, privando-a de toda a liberdade.

És rica e és bela! — bradam-lhe mil bocas e de mil modos; dá-nos os teus tesouros e fica-nos refém, para que também tributemos os que te reclamarem. Nossa presa, saberemos abafar os teus protestos e gemidos, para que não percutam lá fora. Esconderemos as tuas feridas sob paramentos ricos, expor-te-emos cercada de nuvens de incenso e te passearemos em carro triunfal diante das turbas estupefactas. E mais, falaremos em teu nome, far-te-emos dizer por bocas sediciosas e hipócritas aquilo mesmo que repeles tão sistemàticamente — a mentira!

Diremos aos ignorantes que forjas armas, que tens sêde de sangue, que pretendes tesouros para combater os que nos forem adversos.

O' minha mãe, se a religião amordaçada é um fato, se ela nessa passividade não clama: —

Profanação e impostura! — Deus viu, no entanto, o seu triste destino; enviou em seu auxílio legiões de Espíritos que povoam o espaço, com a missão de libertar a quem se devotou à salvação da Humanidade. Antes, porém, de quebrar os varões do seu cárcere, esses Espíritos se apressam em tornar-se conhecidos dos homens de boa vontade, inspirando-os e mostrando-lhes que a verdadeira religião está no perdão incondicional e no sacrifício desinteressado.

E é por isso que dizem todos: — Procurai nos vossos corações os tesouros que aí permanecem recalcados e ocultos, no fundo trevoso da vossa própria ignorância!

Verdadeiros missionários, esses Espíritos armados dos fachos da fé e da verdade penetram nas almas, deixando-lhes desnudas aos olhos mal despertos as tramas todas que a mentira tem urdido.

E de concerto, encarnados e desencarnados, juntos caminham para libertar a religião do seu tenebroso presídio.

Todos a vimos já, amesquinhada e fraca, apoiando-se num trono carunchado, de pés e mãos atados, vestes esfarrapadas pelos mesmos seus vestidores... Ela, porém, não perecerá às mãos dos seus algozes, tão certo é que os anjos, seus irmãos, lhe vão pensar as feridas das algemas e sobre asas possantes conduzi-las aos pés do Eterno, clamando assim:

— Oh! Pai misericordioso e bom, eis aí Tua Filha e nossa irmã! Encontramo-la moribunda lá na Terra, para onde a enviaste como mensageira da vida e da esperança; reanima-a, pois, com o Teu amor, enquanto vamos completar a sua missão, religando ao céu o que do céu se há destacado.

CAPÍTULO XXXIX

UMA DOCE ESPERANÇA

Meu filho, eis-me aqui, antes mesmo da hora aprazada para a nossa entrevista, pois que a tristeza, minha companheira de existência, voltou novamente a acabrunhar-me.

Sim... Como vacila a nossa fé ao fixarmos o olhar nos derradeiros momentos de um ente amado!

Eu tinha necessidade de ver-te, antes que a vida de todo se te extinguisse; afigurava-se-me que o teu Espírito deveria sentir a reação deste abalo.

Sabes tu, meu bem-amado, que teu corpo experimenta já, de algumas horas, uma grande alteração.

A vida como que se lhe esvai gradualmente, imagina a minha angústia antes que pudesse verificar as fraquíssimas pulsações do teu coração. Já teu rosto se reveste daqueles expressivos traços que a morte imprime ao roçagar da sua asa negra, e temo que a aurora prestes a despontar no horizonte venha a iluminar no meu triste casebre o cadáver de um filho querido!

Mas aqui, a minha tristeza se transforma em viva alegria, as lágrimas secam, porque te encontro feliz e cheio de esperança, mais sorridente até que doutras vezes, olhos serenos e doces, firmemente postos no céu!

Ver-te em breve libertado! Que bela compen-

sação, pensar na tua felicidade, imaginá-la, sonhá-la enquanto houver de cuidar do enterramento do teu invólucro carnal.

Mas repara, filho querido, naquela nuvem de resplendente alvura, que além se forma... Vês-lhe ao cimo luminoso a forma graciosa de um anjo? Meu Deus! estarei bem certa da minha vida espiritual? Não será tudo isto um sonho, uma ilusão? Maria? Mas será ela?

Ah! se és tu, querida filha, aqui te espero, já me não afasto, quero ter a ventura de assistir a essa dupla ascensão!

E, no entanto, é bem possível que dentro em pouco, lá na Terra, eu vá bradar: Anjo da morte, sustém o teu alfange, demora o passo, retesa as rédeas que governam o teu carro fúnebre! Espera, espera ainda alguns dias, algumas horas, alguns minutos!

Influência terrestre, como és profunda!

— Em te ouvindo, minha mãe, o que admiro há alguns instantes não é, por conseguinte, um simples reflexo dos meus pensamentos, vivificado pelo desejo ardente de liberdade.

Não me resta dúvida de que um anjo paira sobre aquela nuvem, um anjo que para aqui se encaminha lentamente!

Fica, fica comigo, mãe querida, ajuda-me a conter minha impaciência, a calmar os meus arrebatamentos!

Meu Deus, obrigado! Minha alma desejaria voar ao teu encontro... Morrer! morrer...

Que os ecos do céu repitam aos mortais a alegria que a morte lhes concede, que a morte não seja mais para eles um motivo de terror, mas o anjo abençoado da liberdade, que é a vida mesma!

Sinto que liberdade e vida me penetram e me inflamam!

Oh! minha mãe, rende graças a Deus e não cubras o meu túmulo de crepe — símbolo da tristeza — antes deixa que nele reverdeça a relva tenra ao fulgor das primaveras!

Nem de luto sejam as tuas vestes e as de minha idolatrada filha. Jamais reguem de lágrimas a minha campa, na certeza de que essas lágrimas iriam entristecer minha alma, buscando como descobri-la, para deixar a descoberto um corpo decomposto, que faria recuar de espanto a quantos concentram o seu amor nas coisas transitórias e perecíveis.

Quantos, mas quantos encarnados perturbam desse modo a ventura daqueles a quem amaram, rojando-se debulhados em lágrimas sobre a lápide fria dos túmulos!

Sim, porque o amor, na sua atração irresistível, leva os desencarnados a deixarem a sua feliz ou proveitosa atividade, para virem assistir ao triste espetáculo: os seres estremecidos na Terra, engolfados na dor, debruçados para a cova que apenas lhes guarda o cadáver!

Homens, não é nos cemitérios que haveis de procurar os vossos amigos, mas num mundo melhor!

Nem os procureis aproximar pelas manifestações de vossa dor, que protestaria contra a imortalidade; ide, de preferência, até eles pelos impulsos do coração!

A tristeza, as lágrimas, os impedem de se comunicarem convosco, de vos trazerem as consolações de que tanto careceis.

Preparai-vos também para a morte, como quem se prepara para uma grande festividade, ornando-vos nessa expectativa das mais belas virtudes.

Homens de bem, homens honestos, porque havereis de temer a morte, quando ela vem cingir as vossas frontes de imortais lauréis?

De fato, ela só pode causar terror aos maus, cuja turva consciência evoca, a todo o instante, o aniquilamento, o nada.

A esses, sim, a imortalidade deve atemorizar. Nas almas vis há uma natural repulsa a tudo que interessa à ordem espiritual e moral, só comparável à atração que experimentam pelos gozos materiais, únicos que lhes parecem compatíveis com a verdade e a razão.

Almas endurecidas! Eis que a morte vos chama cada dia, prevenindo a sua chegada, já pela enfermidade, já pela ceifa dos vossos parentes e amigos...

Sem embargo de tais advertências, o vosso coração permanece fechado, insensível, quando de vossa vontade, exclusivamente, depende torná-lo maleável aos bons sentimentos.

Mas é preciso mediteis na morte, nos mundos que ela franqueia, para que a sua voz não vos atemorize e a sua mão vos pareça menos gélida, ao tocar uma vez a vossa fronte.

— Filho, repara como a nuvem cresce, como toda se doura à luz dos astros que iluminam este recanto celeste...

— Sim, minha mãe: e distingo Maria... meu pai... meu guia... Pudesse a alma desfalecer de alegria e eu cairia fulminado!

Mas como estão longe ainda!...

— Filho, e o teu corpo? Mas eu me esqueço! Presa da emoção, enquanto o dever me chama à Terra, a ventura aqui me prende...

Meu Deus! E dizer-se que vou abandonar este plano para ver expirar o meu Ludovico!

Dá-me forças, Senhor, dá-me resignação, e sobretudo permite se me não desvaneça este quadro da memória!

Adeus!...

CAPÍTULO XL

MORTE DE LUDOVICO

Pouco a pouco a senhora Marcel voltou a si; mas, abrindo os olhos, reparou que não estava só.

De fato, Leonina dela se aproximara, admirada por ver que sua avó derramava abundantes lágrimas enquanto dormia.

Fora-lhe mesmo dado ouvir as últimas palavras que a senhora Marcel pronunciara em voz alta, ao despedir-se do filho.

A pobre criança se apressara, por sua vez, a chamar algumas pessoas da vizinhança e todos supunham estivesse a boa senhora sob a influência de um mau sonho, que lhe pressagiasse o próximo desenlace, a morte do filho.

Ela, entretanto, não tardou a refazer-se daquela prostração, e foi com toda a resignação e energia que se dirigiu para o leito do filho, acompanhada de Leonina.

Ainda sob a impressão da cena que a seus olhos se desenrolara, a senhora Marcel abraçou-se à netinha e cobriu-lhe a face de beijos, dizendo:

— Não chores nem te assustes tão-pouco... Teu pai vai para o céu, reunir-se à sua mãe... E nós aqui ficaremos, sós...

A criança pôs-se a chorar e a exclamar:

— Meu papai... também ele vai partir e, tal como acontece com a mamãe, não voltará mais! Não o verei mais, eu, a sua Leoninazinha, que ele tanto amava!

— Mais tarde, filha — diz a senhora Marcel — quando a razão te permitir apreciar os favores que o bom Deus concede às almas sofredoras, que haurem toda a consolação em colóquios divinos, mais tarde, repito, ser-te-á dado, como a mim, entrever as regiões em que eles habitam.

Acredita-o, e, enquanto esperas, recolhamos os derradeiros suspiros de teu pai.

Sim, eu vou tentar ainda uma vez molhar-lhe os lábios com o elixir que o sustentou por tanto tempo!...

Parece que se reanima um pouco...

Oh! filho, do mundo espiritual onde te encontras, faze um esforço, fita-nos ainda uma vez, uma última vez!...

Sim, nós precisamos desse olhar como de um legado consolador, e eu to peço principalmente por tua filha querida...

Nada receies, pois saberemos ser fortes e resignadas.

Mãe e filha ali estavam debruçadas sobre a fronte moribunda, a cobri-la de beijos.

O tenro coração de Leonina se confrangia ao golpe, rude demais, daquela prova, e, não obstante, não quis apartar-se do pai, como que tendo a intuição dos poucos momentos que lhe restavam para gozar da sua presença.

Finalmente, Ludovico abriu os olhos e vagarosamente os fixou, ora na velha, ora na criança.

A senhora Marcel, a despeito de toda a sua energia, sentiu que as lágrimas lhe humedeciam as pálpebras, mas conteve-as.

Depois, debruçando-se para o filho, murmurou baixinho — Adeus!...

Um ligeiro movimento perpassou pelos lábios do moribundo.

"Eu te abençoo, minha filha!..." e — mais baixo ainda: "Minha mãe, nós te esperamos..."

Estava tudo acabado.

Acompanhando os últimos vestígios de vida no semblante do filho amado, a senhora Marcel lembrava-se da promessa que lhe fizera de resignar-se e procurava, nos efeitos da prece, a assistência de que carecia.

Pousando a mão na testa ainda morna do filho, disse:

— Meu Deus, eis chegado o momento tão temido pelos maternos corações! De fato, na Terra maior dor não haverá; mas antes de ferir tão rudemente este coração de mãe, tu, Senhor, me deste a conhecer a imortalidade! Nem muitas horas há, que estava perto do Espírito desse filho querido, contemplando juntos e com alegria a aproximação da morte!

Deixei-o para vir cuidar do corpo, mas sei, contudo, que num instante poderei vê-lo feliz e rodeado daqueles que amámos e que com ele se foram para o Além!

Ele me disse ao expirar: — "Nós te esperamos..."

Pois bem, Senhor, no triste silêncio desta longa e fria noite, enquanto a netinha repousa e sonha como criança, com os teus anjos talvez, permite que eu parta ao encontro do piedoso colóquio.

Nisto, suspendendo a fervorosa súplica, a pobre mãe procurou certificar-se da sua situação.

No quarto, a fraca luz da vela apenas se esbatia sobre o rosto do morto, cujo olhar se velara nas névoas da morte. A senhora Marcel, com mãos trêmulas, cerrou-lhe as pálpebras e ajeitou-lhe os membros, antes que a rigidez os empolgasse inteiramente.

Cumprida a lúgubre tarefa, deixou-se tombar numa cadeira ao lado do mortuário leito e, tomando nas suas as geladas mãos do filho, toda se entregou ao sono extático.

CAPÍTULO XLI

UM MOMENTO DE VENTURA

Como descrever agora aos encarnados a inefável alegria dessa pobre mãe ao ver-se transportada às esferas celestes, rodeada de todos aqueles a quem amava?

Há emoções que só o silêncio pode traduzir. Tudo o que arrebata, que enleva o espírito, tem uma voz tão plena de harmonias, que mais vale silenciar.

As delícias que os Espíritos desencarnados experimentam, não podem ser compreendidas pelos homens, e a pena que tentasse traduzi-las rolaria da mão assaz temerária do temerário intérprete.

Só o êxtase é capaz de levar o encarnado a tal grau de felicidade; mas, quando o Espírito readquire os sentidos materiais, vergado ao jugo da carne, meio perturbado, apenas pode exclamar: — Belo! como Deus é majestoso nas suas obras!...

Conduzidos dentro de uma nuvem por espaços ilimitados, enquanto a nuvem flutuava, aqueles Espíritos confundiam, num mesmo esto de amor, os mais ternos eflúvios de suas almas deslumbradas.

Não pensavam mais nas duas paradas que deviam interromper-lhes a marcha ascensional, quando o anjo que a dirigia imprimiu à nuvem um movimento que a fêz descer em direção à Terra.

Antes, porém, fê-la parar nas bordas de um

vasto mundo flutuante, povoado de enorme quantidade de Espíritos.

Era ali que o esposo da senhora Marcel devia habitar, para se instruir, antes de reencarnar na Terra, em reparação das próprias faltas.

Esta separação não causou tristeza, por ser momentânea. De fato, se àquele Espírito em expiação defeso era acompanhar os filhos pelas esferas mais elevadas, nem por isso ficava completamente privado da presença deles. Consolava-o a promessa de uma visita diária, com a qual lhe trariam conforto e sólidas esperanças de melhor futuro.

Feitas as despedidas, plenas de promessas, a nuvem baixou à Terra e o Espírito da senhora Marcel ficou justamente nos limites desta, perto daquela pedra, onde pela primeira vez avistara o filho, em espírito.

Aí, recebeu dos filhos as mais ternas carícias e o floco gracioso recomeçou a sua ascensão.

Vendo afastar-se aquela nuvem, a senhora Marcel ainda experimentou uma tristeza indefinível.

Só, na bifurcação das duas rotas, uma que conduzia aos páramos celestes e outra que ia ter à Terra, onde tantas dores ainda a aguardavam!

Apoiada de encontro à mesma pedra, viu, dali, afastar-se e sumir-se, alfim, aquela nuvem que de envolta lhe arrebatava tudo o que mais queria do fundo dalma.

Antes de retomar o corpo, o Espírito da senhora Marcel ficou por um instante pensativo e acabrunhado...

— Oh! pedra inflexível! — disse, fixando a rocha — tu assistes aos meus desfalecimentos, depois de teres assistido aos de meu filho!

Bem colocada vejo que ficas, assim, nos limites de **dois mundos**, pois ainda aqui, de encontro a ti, podem vir despedaçar-se muitas esperanças!...

Meu Deus! poderei voltar ainda a estes sítios e rever aqueles que acabam de partir?

A felicidade, como a desgraça, nos torna às vezes desconfiados; estou agora sob a impressão de ambas.

Vejo de um lado a morte, o isolamento; de outro lado vejo as mais puras alegrias que se possam desejar.

Oh! meu Deus, tem piedade das minhas fraquezas e dá-me a força de recuperar meus sentidos!

Como é funda a taça de fel em que a Humanidade molha os lábios.

Neste momento sinto algo das angústias do Cristo na gruta de Getsemani, vendo, tal qual Ele via, a Terra onde tanto ainda me cumpre penar... E aqui está, no entanto, um mundo isento das provações que temos... Que fazer? Beber, até ao último trago, no cálice que se me oferece, ou romper os liames terrestres deixando o corpo inanimado ao lado do de meu filho?

Pai do céu, dá que neste transe difícil venha um anjo amparar-me!

Alma vergada à dor, ei-la unida ao rochedo, mergulhada em si mesma, enquanto uma voz celeste não tardava em corresponder ao seu apelo, dizendo-lhe:

— Vem comigo, que te mostrarei o caminho do dever; e se queres conservar o dom que possuis, não te deixes empolgar pelo desânimo.

O timbre daquela voz reanimou-lhe o espírito vacilante, tanto mais quanto reconheceu nela a mesma voz do guia de seu filho.

E para logo retorquiu: — Oh! tu que ouviste a minha amarga súplica, leva-me ao meu posto de honra, já que por buscá-lo de mim mesmo, sinto faltarem-me forças!

— Mãe aflita, a mim compete velar por ti, pois contribuí para aumentar a tua angústia. De fato, era eu quem devia animar o corpo do último filho de Maria, servindo assim de instrumento à realização do destino; fui eu, ainda, quem a recebeu nos umbrais da Eternidade, e mais tarde servi de guia a meu pai, em todo o curso dessa vida factícia que o teu amor alimentava... Agora, quero também guiar-te.

— Sim, sim; obrigada, filho querido que amparei em meus braços, quando no débil corpinho desfalecido! Mães infelizes que lamentais os anjinhos presto evolados sem tempo de os conchegar ao seio, regozijai-vos antes com a sua partida, visto que são Espíritos evolvidos bastante para animar corpos terrenos, corpos que mal sustentariam a força das suas aspirações. Mas, crede: os laços materiais que por instantes vos aproximaram, não ficam por isso destruídos, tão certo é que esses entes a vós se dedicam lá do mundo espiritual e se transformam em guias fiéis e abnegados, que vos protegem e vos amam. Obrigada, meu guia!... Tu me confortas, encorajas-me e vou, sem temor, ocupar o penoso posto que me é assinalado.

CAPÍTULO XLII

O ÚLTIMO DEVER

Bela manhã primaveril, o Sol surgiu no horizonte e projetava-se radioso por todo um céu sem nuvens.

Sorria a Natureza, as flores trescalavam perfume, as aves enchiam o espaço de trinos e gorjeios.

Tudo respirava a vida, a abundância e felicidade.

Todos vós que participais desse belo espetáculo da Natureza, lenitivo às vezes de tantos corações magoados, concorrei de vossa parte para mitigar uma dor bem acerba!

Flores, deixai-vos colher pela febril mãozinha dessa criança que vem, olhar suplicante, pedir um ornamento para o túmulo paterno!

Vêde, ela colhe ao acaso, indiferentemente, a humilde flor silvestre, o ramo de espinheiro, a rosa do jardim, como querendo levar consigo não só os vossos perfumes, mas também as gotas de orvalho que aljofram as vossas pétalas coloridas!

Deixai-vos morrer por ela!

E vós, avezinhas dos campos, abandonai por um instante os vossos bosques umbrosos, as vossas sebes virentes e ide acolá, sobre aquela choupana, desferir em concerto os vossos cantos mais alegres!

Em breve, daquele pacífico tugúrio, sairá modesto cortejo, que deve acompanhar à última morada o corpo de um justo.

Enquanto seu Espírito paira sobre ondas de luz e felicidade, é de mister que a tristeza não lhe envolva os despojos, mas, antes que a terra da sua sepultura possa impregnar-se de esperanças e de amor.

Este Espírito falou, e falando fêz ouvir, das alturas em que habita, um hino de esperança e um poema de liberdade!

Segue, pois, mãe aflita, os funerais de teu filho, mas não derrames lágrimas como esta criança, como esses amigos que te acompanham!

Eles não conhecem da morte mais que o vácuo medonho que ela deixa após si... Mas, tu? Desvia teu pensamento para aqueles instantes ditosos em que feliz te elevas, em espírito, às moradas celestes! Tua alma engrandeceu-se à impressão desse tato, que entretém a tua confiança, a tua fé, mas, no entanto, teu coração estremece ante o túmulo aberto!...

Vamos! agora que a terra recolheu aqueles restos queridos, retoma confortada o caminho de casa!

Bem sei que tudo te fala do ser que não mais existe... mas deixa aqui essas recordações tristes!

A morte impôs-te o seu tributo na Terra — a dor — e tu o pagaste largamente.

Quando a noite cair silenciosa, concentra-te e deixa que o teu Espírito se alce às regiões de luz onde as trevas não têm guarida.

Já encostados à pedra, os teus amigos te aguardam!

....

Como na véspera, a nuvem subiu lentamente nos ares, guiada por mútuo pensamento amoroso, que a dirigia para um planeta habitado por um esposo e pai.

E que alegria a dele em tornar a vê-los — os entes caros — permutando o seu reconhecimento, as suas esperanças, com a felicidade que eles de si irradiavam.

Posto que esse planeta não seja pròpriamente de expiações, os Espíritos aí residentes não gozam de toda a liberdade e são submetidos a provas que eles mesmos pediram, no intuito de progredirem.

Poder-se-ia comparar esse planeta a uma vasta propriedade, da qual cada habitante houvesse uma porção de terreno a cultivar.

Nem vereis ali talhões áridos, pois cada ser trabalha segundo as suas forças e grau de inteligência. Aqueles a quem o arrependimento não tocou, são sistemàticamente excluídos do convívio, pois os habitantes desse planeta precisam ser fortalecidos e encorajados nas suas obras.

— Eis aqui a região em que habito — diz o esposo da senhora Marcel aos seus queridos visitantes. Aqui, todos trabalhamos em comum, para que a nossa tarefa seja mais depressa terminada.

Temos sempre diante dos olhos as próprias fraquezas passadas e os fantasmas vivos das paixões que nos impeliram ao abismo.

Triste quadro, na verdade, e eu decerto coraria de vergonha se me visse assim descoberto, quando habitava entre vós; mas agora não temo desnudar a consciência, certo como estou de que as minhas imperfeições só farão aumentar o amor e o devotamento que me testemunhais.

Vêde as minhas fraquezas, a minha hipocrisia, todo o orgulho que eu tão razoàvelmente escondia nas dobras de um coração aparentemente simples e ingênuo, no qual a mentira tinha fácil acesso, para atenuar as faltas de cada dia. Vêde, também, o trabalho que agora me é dado: um campo de sarças e espinhos a desbravar-se para o cultivo.

Devemos assim, por mútuos esforços de benevolência e labor, fazer desaparecer da consciência, um por um, todos os vícios que a denigrem, estimulando-nos também mùtuamente à prática da caridade, que é o progresso do Espírito.

E deste modo formamos, por assim dizer, uma sociedade de amigos francos e devotados.

Não há entre nós Espíritos malévolos, cônscios que somos todos das nossas faltas e da exteriorização dos maus atos cometidos em nossa última encarnação, o que é um meio infalível para nos tornar humildes e caridosos.

Meu estado atual é bem mais preferível às angústias horríveis que experimentava quando presa de remorsos, sem um vislumbre de esperanças no termo dos meus sofrimentos.

Enorme é a ventura que nos causa a visita dos Espíritos que nos amam, e cujos pensamentos e preces, unidos aos que nos vêm da Terra, abreviam a hora da nossa libertação.

Disso ainda tiramos partido, levando, por nossa vez, consolação aos sofredores, tão certo é que mais se inclina o Espírito à benevolência, ao amor, quando tem do sofrimento a experiência própria.

— Oh! como tarda — disse a senhora Marcel — a minha liberdade!

Invejável o mundo que habitas, comparado à Terra onde tanto se luta; mas Deus não olvidou os perigos a que os mortais estão sujeitos, e por isso acendeu em cada coração uma centelha de fé, de esperança e de amor, que o ajude a combater e a vencer!

CAPITULO XLIII

UMA MISSÃO TERRENA

Curtos são os instantes permitidos à emancipação da alma.

A nuvem fluídica continuou a subir e aquela mãe venturosa pôde contemplar uma estância encantadora, formada pelo pensamento dos filhos.

Estes, não tardariam a reunir-se aos Espíritos missionários, cooperando para o progresso dos mundos e seus respectivos habitantes.

— Mãe estremecida! — disse Maria — é com profunda tristeza que fitas, daqui, o globo terráqueo. Nem mesmo podes gozar inteiramente a tua felicidade, prevendo-lhe já o breve termo!

Ouve, pois, para que possas um dia, alegremente, possuir a plena liberdade!

Certo, pelas provações por que passou teu filho, compreendeste quanto tempo se faz necessário à conquista da felicidade espiritual...

Pois bem: tu igualmente, mãe querida, estás prestes a atingir o termo das encarnações; contudo, ao tempo de permanência que te resta na Terra, se quiseres encontrar nela algumas alegrias; se quiseres que o sorriso ainda te enflore os lábios, busca aliviar os que sofrem, vai de choça em choça pregar palavras de paz e de verdade e lembra-te de que — sempre que enfermos se te depararem, poderás, com fé e boa vontade, acalmar seus sofrimentos.

— Mãe estremecida! — acrescentou Ludovico — nós temos perdoado todas as injustiças de que fomos vítimas, e, assim procedendo, concorremos para libertar aquele que gemia ao peso das suas fraquezas.

Quantos mortais, em vez de perdoar, preferem guardar consigo sentimentos e pensamentos de ódio e vingança!

A estes, dize-lhes sem tréguas, que tais sentimentos são quais carvões ardentes, que acabarão a seu turno por consumi-los, até que no espaço venham encontrar por juízes os próprios pensamentos e obras.

E agora, mãe querida, vai! Vai para perto de nossa filhinha, fadada a ser a alegria e o amparo da tua velhice. Diante dela, como diante de todo o mundo, não temas relatar as maravilhas que, pela tua vidência espiritual, possas entrever.

Faze-o, na certeza de que pregas a pura doutrina de viva voz pregada pelo Cristo aos homens, baseada nestes dois belos princípios:

Esperança e perdão